Seluba Buddhism Books 知る・わかる・こころの旅を豊かにする
セルバ仏教ブックス

はじめての「高野山奥之院の石塔」入門

木下浩良 著

セルバ出版

はじめに

　真言宗の聖地高野山には奥之院と称される場所があります。そこは、真言宗の宗祖弘法大師空海がいらっしゃる御廟がある霊地で、30万基はあろうと言われる石塔が群立する、全国でも第一の聖地です。

　高野山奥之院の石塔を造立した人たちは真言宗に限ることはありませんでした。宗派に関係なく、鎌倉時代から今に至るまで連綿と石塔が造立され続いています。

　私たち一人ひとりのご先祖様も、ここ高野山奥之院に石塔を造立された可能性が高いものと思います。

　なぜ、高野山奥之院にはそれほどまで石塔が造立されたのでしょうか。

　本書では、その理由から、その石塔造立に至る背景を含めて紹介したいと思います。

　そして、高野山奥之院に造立された石塔を種目別に紹介して、その造立の変遷や特筆したい遺品について述べてみたいと思います。

　そのことは、高野山奥之院の石塔研究にとどまらず、我が国における石塔造立の歴史や信仰、さらには日本人としての心の源泉をたどるものであることも強調したいと思います。

　高野山奥之院の石塔を述べることは、我が国の石塔を述べることにもなるのです。

　誰かが言いました。「高野山を見ずんば、日本の文化を説くなかれ」と。

　高野山開創1200年記念大法会の最中に

木下　浩良

はじめての「高野山奥之院の石塔」入門　目　次

1　なぜ石塔が造立されたのか

江戸時代の奥之院一の橋付近の様子（『紀伊国名所図会』）

①　高野山奥之院の始まり

宗教都市高野山

高野山は、和歌山県北西部の伊都郡高野町高野山《いとぐんこうやちょうこうやさん》にあって、周囲を山々に囲まれた海抜約 1000 mの東西 4 ㎞、南北 2 ㎞の山頂の盆地に位置します。

そこには、今から 1200 年昔の平安時代の初め弘仁《こうにん》7 年（816）に遣唐使《けんとうし》に従って中国の唐にわたった空海《くうかい》（弘法大師《こうぼうだいし》ともいいます）が、開創《かいそう》した金《こん》剛峯寺《ごうぶじ》があります。ここは、唐から日本に帰ってきた空海が嵯峨《さが》天皇の勅許を得て開いたお寺です。空海といえは、真言宗《しんごんしゅう》という仏教の宗派の創始者（宗祖《しゅうそ》）として、また日本の書道史上、書が上手な最もすぐれた三人の三筆《さんぴつ》の一人としても有名です。

以来、高野山は、真言宗の聖地として現在に至るまで 1200 年の歴史を今に伝えています。その長い年月の中で、高野山上に開かれた子院《しいん》の塔頭寺院《たっちゅうじいん》の数は江戸時代において最大数の 1865 カ寺もありました。今でも、117 カ寺の寺院が高野山にはあって、古よりの法灯が守り継がれています。

これほどの寺院があった高野山には、多くの僧侶も住んでいました。古い記録には「満山《まんざん》三千の衆徒《しゅと》」とあります。3000 人以上もの僧侶が高野山に住んでいたわけです。

【図表１　江戸時代の高野山の様子（『紀伊国名所図会』）】

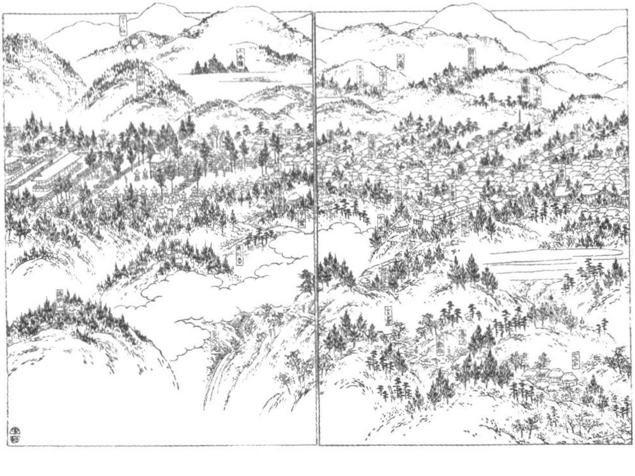

1000 軒以上の寺院と人口 3000 人といえば、現在でいえば都市です。

いわば、宗教都市として高野山は今日まで発展してきたのでした（図表 1 参照）。

さて、その高野山ですが、明治 5 年（1872）の明治政府による神社仏閣における女人結界《にょにんけっかい》の開放までは、女性の入山が許されませんでした。いわゆる女人禁制《にょにんきんぜい》のお山でした。

今は、それも過去のものとなり男女問わず住むことができるようになりました。今日では、お寺だけでなく商店や銀行・病院・役場はもちろんのこと、学校は幼稚園から大学・大学院までもあります。

このように、その長い歴史と伝統と有する高野山は、平成 16 年（2004）には、ユネスコの世界遺産《せかいいさん》に登録されました。

奥之院は東洋のウェストミンスター寺院

その高野山の北東部には、奥之院《おくのいん》といわれているところがあります。そこには、空海が承和《じょうわ》2 年（835）に入定《にゅうじょう》（生きたまま禅定《ぜんじょう》（宗教的な瞑想《めいそう》）に入ること）された御廟《ごびょう》があります（図表 2 参照）。

そこでは、国内はもとより広く海外からの参拝の高野山登山の人たちからのお線香や蝋燭の火が灯されて、それらは年中絶えることがありません。

【図表 2　江戸時代の高野山奥之院の御廟付近の様子（『紀伊国名所図会』）】

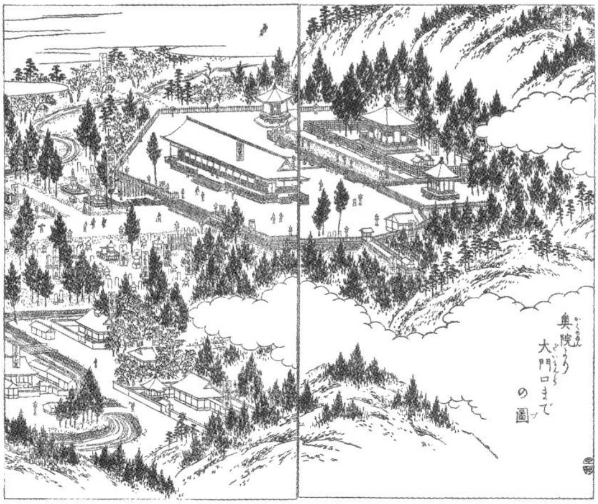

その御廟に寄りそうように、奥之院には公称で30万基ともいわれる石塔が群立しています。古くは鎌倉時代の初め頃の石塔が認められ、現在でも全国から石塔の造立がくりかえされています。これほどの、石塔が立てられた寺院は高野山の他ではありません。その数において、日本一の石塔が立てられた寺院なのです。

かつて、オックスフォード大学教授セース博士は、大正6年（1917）高野山において「高野山を見ずんば、日本の文化を説くなかれ」と題して講演し、「奥之院は東洋のウェストミンスター寺院（Westminster Abbey）なり」と説かれました。

イギリスのロンドン・ウェストミンスターにあるイングランド国教会の教会である同寺院は、戴冠式などの王室行事が執り行われる所として知られていますが、そこの内部の壁と床には歴代の王や女王、政治家などが多数埋葬されています。

まさに高野山奥之院は、それに匹敵すると、同博士はみごとに達観されたのでした。その奥之院の参道は、2㎞程あって、参道の左右には苔むした古い石塔が群立しています。高野山奥之院には、全国の名だたる戦国武将をはじめとする著名人の石塔を認めることができます。

全国各地にはその地域の有名な権力者の石塔と称するものがありますが、そのほとんどは後世になってできたものか、他の石塔を寄せ集めたものだっ

【図表3　奥之院の参道（中の橋手前）】

たりします。ところが、高野山奥之院にある石塔は一部を除いて、間違いなく、その権力者の石塔であると確かめられるものばかりなのです。まさに、セース博士が指摘した通りであるわけです。

権力者だけでなく庶民も

ただ、そのことは高野山奥之院の一面でしか過ぎないことを強調したいと思います。セース博士も見落とされたことがあるのです。

それは、ウェストミンスター寺院は、権力者側の埋葬地ですが、高野山奥之院は権力者だけでなく、一般の庶民であっても同じように埋葬している、ということです。詳しくは、順に触れたいと思います。

本書においては、その高野山奥之院で造立された石塔について、述べてみたいと思います。今となっては、何も語ってくれない石塔ですが、写真を撮って寸法を測り、文字があれば拓本を採って解読して、関連する文献や伝承を参考に調べれば、文献だけでは見ることのできなかった歴史の一面が見えてくるものと信じます。また、そうすることで石造物を立てた人たちの、生きた声も聞くことができるものと考えます。

先ず、高野山奥之院における石塔が造立される背景から話を始めたいと思います。なぜ、それほどまでに高野山奥之院に石塔が造立されたのでしょうか。それには理由があったのです。

【図表４　奥之院の参道（三番石付近）】

② 悠久の 56 億 7000 万年

空海と弥勒菩薩

高野山の奥之院には、30 万基もの石塔があるとされていると触れましたが、それらは当然のことながら、いきなりできたものではありませんでした。高野山の、悠久の 1200 年の歴史の中でできたものです。

その多くの石塔ができる要因は、空海が入定した御廟にあったことは、言うまでもないことかと思います。空海がいらっしゃる高野山奥之院のお側に、永久の石塔が立てられていった様子がうかがえます。

特に空海に対する信仰（以下、弘法大師信仰と表記します）とともに、高野山の奥之院には弥勒菩薩《みろくぼさつ》という仏様に対する信仰が一方にあって、石塔の造立が盛んになりました。

仏教を説いたのは、インドのお釈迦様《しゃかさま》です。お釈迦様は、今から 2500 年も前の紀元前 5 世紀から 4 世紀頃に実在した人物です。お釈迦様は 80 歳で入滅しましたが、仏教ではその 56 億 7000 万年後に弥勒菩薩がこの世に現れて、龍華樹《りゅうげじゅ》という菩提樹《ぼだいじゅ》の下で悟りを得て三度説法して人びとを救済する、と信じられていました。

これを龍華三会《りゅうげさんね》といいますが、その場所がここ高野山奥之院で、空海はその三会《さんね》に知遇するために入定したと伝えています。56 億 7000 万年後の高野山奥之院において、弥勒菩薩が空海とともにこの世に現れると、信じられていたのです。

千の風になって

空海はその弥勒菩薩の三会の時まで、奥之院で入定されていて、日々私たち衆生を救うために奥之院から全国に飛び回っておられると、これも信じられているのです。

私の恩師の日野西眞定《ひのにししんじょう》先生により明らかにされたことですが、高野山の入口には、総門にあたる大門《だいもん》があります。その大門の左右には木製の聯《れん》が掲げてあります。そこに明記された言葉は、向って右に「日日《ひび》出《い》デテ影向《ようごう》ヲ闕《かか》サズ」。左に「処々《しょしょ》ノ遺跡《ゆいぜき》ヲ検知ス」とあります（図表５参照）。

【図表５　大門の木札】

これは、元は平安時代後期の摂政関白太政大臣《せっしょうかんぱくだじょうだいじん》の藤原忠通《ふじわらのただみち》の書であったものを、鎌倉時代中頃の摂政関白左大臣九条道家《くじょうみちいえ》が書き改めたものが、今日伝わっているものです。

空海は高野山奥之院の御廟にあって高野山登山をした人々を救うとともに、日々ここ高野山から姿を現して、生前に巡った所々を訪れている、ということを明示しています。

まさに、空海は弥勒菩薩がこの世に現れる56億7000万年後の三会の暁まで、「千の風」になって私たちを見守り続けていると謳《うた》っているわけです。

事実、空海がいらっしゃる奥之院の御廟の建物の床下には、直径30㎝程の丸い穴がくり貫けられていまして、空海は忙しくそこから出入りなさっていらっしゃるとは、これも恩師日野西先生の研究でわかっていることです。

高野山の奥之院に石塔を造立した人たちは、その約束の56億7000万年後の未来に希望を託したのでした。高野山の奥之院は最上の霊地で、特に弘法大師の御廟付近は仏様や菩薩様《ぼさつさま》の諸尊《しょそん》で囲まれていると信じられていたのでした（図表６参照）。高野山奥之院は我が国の中で、聖地の中の聖地なのです。

その56億7000万年後について、現在の視点からしますと気が遠くなってしまいますが、古の高野山へ石塔を立てた人たちは、本当に真剣な思いが

【図表６　江戸時代に描かれた御廟（『野山名霊集』）】

ありました。おそらくは、何ら疑いもなく 56 億 7000 万年後の未来に希望を馳せたのでした。

高野山には金剛三昧院《こんごうさんまいいん》という、鎌倉幕府に縁が深い塔頭寺院があります。

源氏三代の供養のために北条政子が建立した寺院と伝えています。先年にその寺院の解体修理が行われましたが、建物の床下から鎌倉時代後期の石塔が見出されました。形式は後で紹介します五輪塔で、地輪部分だけの残欠でしたが、そこには次のような銘文が刻されていたのでした（図表７参照）。

【図表７　元亨元年五輪塔銘文】

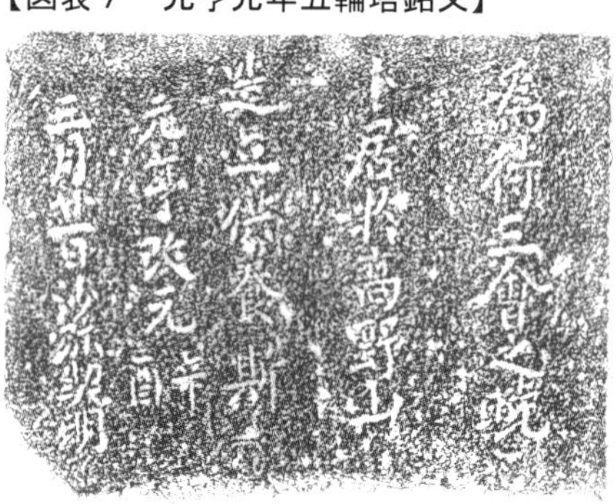

為待三会之暁、
卜居於高野山、
造立供養斯、
元亨改元辛酉、
三月廿一日沙弥契明

銘文は五輪塔造立の意趣を明らかにしています。

鎌倉時代末期の元亨《げんこう》元年（1321）３月 21 日に、契明《けいみょう》という人物が、弥勒菩薩が 56 億 7000 万年後に衆生を救うために三度の説法（三会）をされるその時を待って、特に高野山を選んで五輪塔を造立して供養すると明記しています。

ちなみに、3月21日は空海が入定したとされている月日です。造立者の契明は相当の弘法大師信仰者であったものと推定されます。

56億7000万年の約束

さらに、56億7000万年の約束の一例を紹介します。時代は下って戦国時代のことです。

戦国武将の真田昌幸《さなだまさゆき》・幸村《ゆきむら》父子について知らない人はいないと思います。

信州《しんしゅう》の上田城《うえだじょう》（長野県上田市）にあって、天下分け目の関ケ原の戦いへと向う徳川秀忠《とくがわひでただ》の大軍の進軍を阻止したことで有名です。

両人ともに関ケ原の後は、高野山の山麓の九度山《くどやま》（和歌山県伊都郡九度山町九度山）に蟄居します。

真田昌幸は同地で没しますが、幸村は九度山を脱出して大坂城に入り、大坂冬の陣・夏の陣で大坂方として奮戦します。冬の陣では大坂城を背にして真田丸《さなだまる》を構築して籠城し徳川軍を撃退し、夏の陣では徳川家康の陣にまで迫りながらも、もう一歩のところまできて戦死します。

その幸村の兄が真田信之《さなだのぶゆき》です。信之は父と弟に反して徳川方につきます。

関ケ原の後は父昌幸にかわって上田城の城主となります。非常に長命で、信之は93歳で没します。江戸時代初めの万治《まんじ》元年（1658）10月17日のことでした。

その2年半後の万治3年（1660）3月24日に、高野山の塔頭寺院の蓮《れん》華定院《げじょういん》に真田家家臣の前嶋作左衛門《まえじまさくざえもん》が主君の故信之公のお位牌の毎日の供養の施主となったことを証明する「日牌請取状《にっぱいうけとりじょう》」が、前嶋家のご子孫の家に残っています。

これは、高野山蓮華定院から、施主である前嶋作左衛門へ発給されたものです。前嶋氏直系の前島孝氏の編著になる『松代藩前嶋家文書考』（平成12年9月刊）より、全文と写真を紹介します。

おそらくは、信之公の三回忌を前に、家臣の前嶋氏が主君の供養を申し出たものだと考えます。古文書には次のようにあります（図表8参照）。

【図表８　日牌受取状】

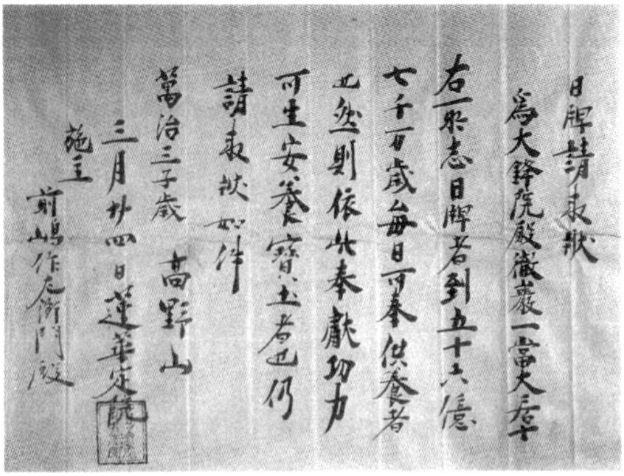

日牌請取状
為大鋒院殿徹巖一當大居
士
右所志日牌者到五十六億
七千万歳毎日可奉供養者
也然則依此奉献功力
可生安養寶土者也仍
請取状如件
萬治三子歳　高野山
三月廿四日　蓮華定院
（黒印）
施主
前嶋作左衛門殿

前嶋作左衛門は、関ケ原の戦の後に高野山の山麓の九度山《くどやま》へ蟄居《ちっきょ》した真田昌幸にお供をした家臣の16人の中の1人で、慶長《けいちょう》16年（1611）に昌幸が没した後には九度山を出て、真田信之に25貫文で仕えました。

古文書にある、「大鋒院殿徹巖一當大居士《だいほういんでんてつがんいっとうだいこじ》」とは、真田信之の法名です。「右志《みぎこころざ》すところの日牌《にっぱい》は、五十六億七千万年に到る毎日供養《くよう》奉《たてまつ》るものなり」と読めます。まさに弥勒菩薩の三会までの56億7000万年間の主君信之公の毎日の供養を、前嶋作左衛門が申し出たのです。

それに対して、高野山側の蓮華定院では前嶋氏に、「しかれば即《すなわ》ちこの奉献の功力により安養宝土《あんようほうど》に生《しょう》ずべきなり」として、必ず来世《らいせ》では浄土へ行ける旨を文書に明記しています。

このように、古の人たちが、高野山における56億7000万年後の弥勒菩薩の当来《とうらい》を心から願っていた様子がうかがえます。

56億7000万年後の高野山奥之院に現れになる弥勒菩薩と空海のお姿に、人々は死後の安心を得ていたのです。

③　全国に張り巡らされたネットワーク

真田氏と高野山蓮華定院

話は横道に逸れますが、高野山と戦国大名の真田氏のことを述べましたので、ついでにもう少し高野山と真田氏の関係について触れたいと思います。

前節で触れましたように、戦国武将の真田氏と高野山の塔頭寺院の蓮華（花）定院とは関係がありました。そのことを実証する古文書が残っています。

真田昌幸の父は真田幸隆《さなだゆきたか》といいました。真田の姓を名乗ったのはその幸隆からで、真田郷《さなだごう》（長野県上田市真田町付近）を領したからだとされています。

幸隆の父は諸説あってはっきりしませんが、一説に海野棟綱《うんのむねつな》だとされています。海野棟綱は信濃国《しなののくに》の戦国武将で、同国小県郡海野庄《ちいさがたぐんうんののしょう》（長野県上田市から東御市東部町《とうみしとうぶまち》付近）を本拠地としていました。

真田氏が結んだ契約

その海野棟綱が高野山の蓮華定院《れんげじょういん》宛てに発給した古文書が残っています。室町時代後期の大永《だいえい》７年（1527）の次のようなものです（「蓮華定院文書」『高野山文書』第７巻所収）。

高野山上之事、信州海野知行分、僧俗共一心院蓮華定院可為宿坊、為後証進一筆候

大永七年卯月廿日　　　　海　野

棟　綱　（花押）

蓮華定院

「僧俗《そうぞく》とも、一心院《いっしんいん》の蓮華定院を宿坊《しゅくぼう》となすべし。後証《ごしょう》のため一筆進め《いっぴつすすめ》、そうろう」と読めます。

つまりこの文書は領主である海野棟綱が、支配する領地の信州海野の僧侶や一般の人が高野山へ参詣した時は、高野山の塔頭寺院である蓮華定院への宿泊を約束する、と同院へ発給した証文なのです。これを、宿坊証文《しゅくぼうしょうもん》といいます。

【図表9　現在の蓮華定院】

蓮華定院は現在も、高野山の52カ寺に残った宿坊寺院の一つとして法灯が受け継がれています（図表9参照）。

古文書にある「一心院」とは、蓮華定院がある谷の地名です。正式には、一心院谷《いっしんいんだに》といっています。

高野山の宿坊寺院は、かつての檀那である領主の家紋を寺紋としています。もちろん、蓮華定院の寺紋は真田家の家紋の六紋銭《ろくもんせん》です。

蓮華定院には、この他にも真田昌幸・真田信之など歴代の真田家当主が発給した宿坊証文が残っています。当主が変わると、その度に宿坊証文は新たに発給された様子がうかがえます。

天正《てんしょう》8年（1580）に発給したものと考えられる真田昌幸宿坊証文には次のようにあります（前出「蓮華定院文書」）。

　尚右之趣無相違様ニ可申付候、以上

　真田郷之貴賎、於高野山宿坊之儀、如前々可為貴院候、恐々敬白

　庚辰三月九日　　　　　真田安房守昌幸（花押）

　　蓮花定院玉庵下

史料の最初の行の「尚右之趣無相違様ニ可申付候、以上」は追而書《おってがき》といって、書き足りないことを追書したものです。文書の書き出しはその次の行からで、「真田郷の貴賎《きせん》（身分の高い人と低い人）、高野山宿坊の儀《ぎ》においては、前々のごとく貴院《きいん》となすべくそうろう」と本文があり、「なお、右の趣《おもむき》に相違《そうい》なきように申し付くべくそうろう、以上」、と違反しない旨を追記しています。真田昌幸の領地である真田郷から高野山参詣をする人々は、必ず蓮花定院に宿泊することを契約しているわけです。

注目されるのが、「前々のごとく」蓮花定院を宿坊とすることを真田昌幸が明記していることです。真田氏と蓮花定院との宿坊の関係ができたのはい

つだったのか明確ではありませんが、前出の史料の海野棟綱宿坊証文を参照しますと、少なくとも室町時代の後期頃には真田氏と蓮華定院は宿坊関係にあったことが指摘されるわけです。

ちなみに、真田信之が江戸時代初めの寛永《かんえい》16年（1639）に蓮花定院へ発給した宿坊証文は、次のようなものです（前出「蓮華定院文書」）。

我等領分高野山上之事、如前々、一心院蓮花定院可為宿房（坊ヵ）之事、　為後証如斯候

寛永十六年九月五日　　　　真田伊豆守

信　之（花押）

蓮花定院

古文書は、「我ら領分、高野山上のこと、前々のごとく、一心院蓮花定院を宿坊となすべきのこと、後証のため、かくのごとくにそうろう」と読めます。

高野山と戦国武将との関係は、この真田家にみられるように檀那《だんな》（スポンサー）である真田家と、檀那寺である高野山の宿坊寺院との両者により成り立っていました。高野山の宿坊寺院では、スポンサーである戦国武将やその家臣たちの位牌や領民たちが供養され、領主らの武運長久《ぶうんちょうきゅう》が祈られていたのでした。

結ばれた真田の地への配札

檀那と檀那寺の関係を、今度は視点を変えて高野山の宿坊寺院側からみると、最初に紹介した海野棟綱（檀那）の宿坊証文においては、信州海野庄の地が蓮華定院の檀那場《だんなば》（テリトリー＜縄張り＞）ということになります。

高野山は真言宗の重要な聖地ですが、高野山は単独で存在したわけではありませんでした。常に、高野山と全国各地とはネットワークで結ばれていたのです。

古の人にとって、高野山はどこか遠い存在ではなくて、本当に身近な存在であったことがわかります。高野山の僧侶たちは、高野山の御山《おやま》にじっと引きこもっていたわけではありませんでした。高野山では登山をする参詣人をお迎えするだけではなくて、逆に高野山の僧侶が宿坊証文で取り交わされた

約束の地の檀那場へ自身の宿坊寺院の御札《おふだ》を配る、という行為に出ました。これを配札《はいさつ》といいます。

前記の海野棟綱の場合は、信州海野庄の地へ蓮華定院の僧侶が配札のために訪れるわけです。もちろん、配札の度にいくばくかの対価を僧侶は領主の領民から得るわけです。

前に紹介しましたように、旧家の藏の中から高野山の塔頭寺院との間で取り交わした日牌請取状や高野山の古い御守りが発見されるのは、その家のご先祖様が高野山登山をした証ですが、御守りについては、高野山の僧侶が実際に配札したものかもしれません。

図表10は、高野山からは遠く関東の千葉県松戸市千駄堀の旧家より見出された、「高野山金剛峯寺、血梵経」とあるお守り（護符《ごふ》）です。

【図表10　千葉県松戸市より発見の高野山のお守り】

（青木俊也「血盆経護符」『松戸市立博物館研究紀要』2号）

出土した配札

また、配札の御札の明らかな具体的な資料としては、九州の福岡県久留米《くるめ》市内の呉服町《ごふくまち》遺跡から出土した木製の護符が挙げられます。

古い旧家などでは、よく玄関先に護符を打ち付けてあるのを見ます。

ほとんどは紙製で、今に至るまで現存できなかったことがわかりますが、久留米市呉服町遺跡の護符は木製であったため、同地の土質と地中の好条件によりそのままの形状で出土しています。

縦長の方形で、四方の隅には釘で打たれた小孔があり、前に述べたように、おそらくは玄関先に打ちつけられたものと考えます。

江戸時代初めの正保3年（1646）のものです。護符の法量は、縦67.5㎝、幅11.4㎝、厚さ0.7㎝です。

【図表11　高野山の護符】

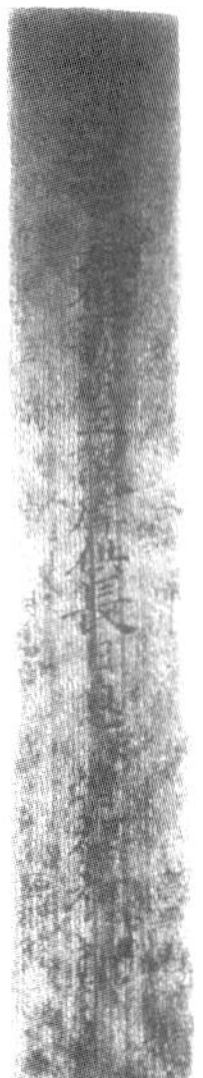

（『久留米城下町呉服町遺跡』）

墨書された銘文は次のようにあります（図表 11 参照）。

正保三年　　　　　高野山
奉修不動明王護摩供長日息※増福祈所
三月吉日　　　　　□明院

正保３年 (1646) は江戸時代というより、中世末期の安土桃山時代に近い頃です。おそらくは、中世における高野山の僧侶が配札をした御札は同様に木製ではなかったかとも推測されます。出土地点は、有馬《ありま》氏 21 万石の久留米城の城下町の中心部です。

64,770 枚の配札

次に、配札の具体的な数値についてみてみます。高野山の塔頭寺院の高室《たかむろ》院《いん》は、52 カ寺の宿坊寺院の一つとして今も法灯を伝えています（図表 12 参照）。

【図表 12　現在の高室院】

この高室院と宿坊関係にあったのが、戦国大名で有名な関東の相模国《さがみのくに》（神奈川県）小田原城主《おだわらじょうしゅ》の北条《ほうじょう》氏です。

北条氏は豊臣秀吉《とよとみひでよし》の小田原征伐によって、当主の北条氏直《うじなお》は高野山へ追放となります。

その北条氏が相模国を退去したあとも、高野山高室院と同国は旧来通りの関係が保たれていました。

江戸時代を通じて、相模国は高室院の檀那場でした。このことについては、明治大学の圭室文雄《たまむろふみお》氏を中心とする神奈川県寒川《さむかわ》町史における研究成果があって、かなりのことが判明しています。

先ず、その圭室氏を中心とする研究グループによる研究成果の一部を紹介してみます。

相模国内における、高野山高室院の配札の檀家数は江戸時代後期の文化《ぶんか》６年（1809）当時で、730 村 41480 家。さらに、武蔵国《むさしのくに》内（東京都・埼玉県と神奈川県の一部）で 8,700 家、駿河国《するがのくに》（静岡県中部）と伊豆国《いずのくに》（静岡県南部と伊豆諸島）の14,590家を合わせると、実に64,770家に対して高野山高室院から御札が配られていました。

この数は、高室院文書の『再建勧化并檀廻仕込武州・相州・豆州檀所惣数音物等覚』等を詳細に調査研究された結果、見出された数値です。史料自体の残存数からすると、この64,770家より実際の総数はさらに増えることも、圭室氏は指摘されています。

この高室院が配札した家々の中には、真言宗以外の宗派の家もあったわけですが、浄土真宗《じょうどしんしゅう》の家には「南無阿弥陀仏《なむあみだぶつ》」と書いた名号《みょうごう》の御札が、日蓮宗《にちれんしゅう》の家には大黒天御影《だいこくてんみえい》が配られていたのでした（図表13参照）。

【図表13　大黒天の護符】

（『寒川町史研究』22号）

要は、日本に住むすべての人が高野山の檀家であるとの考え方のもとに、高野山の僧侶は真言宗以外の寺院を檀那寺とする家をも含めて、全国の家々に御札を配り歩いたのです。

立花氏と高野山大円

また、九州の筑後国柳川《ちくごのくにやながわ》城主（図表14参照）の立花《たちばな》氏は、初代の戦国武将の立花宗茂《むねしげ》が高野山大円院《だいえんいん》を檀那寺としていました。大円院は、現在も高野山で法灯を守る52カ寺の宿坊寺院の一つです（図表15参照）。

【図表14　現在の柳川城天守台跡】

寺院名の大円院自体が、立花宗茂の法名の院号である、大円院殿からつけられた名称でした。

以来、大円院と柳川城主の立花氏とは、檀那寺と檀那との関係で成り立っていました。

柳川領の山門郡《やまとぐん》と、三潴《みずま》・上妻《こうずま》・下妻《しもづま》・三池《みいけ》の四郡の一部は、高野山大円院の檀那場であったのです。

南筑後地方一帯がその領地でした。

【図表15　現在の大円院】

7000枚の配札と50石の初穂米

江戸時代後期の寛政《かんせい》11年（1799）高野山大円院宛ての立花内膳以下連署《たちばなないぜんいかれんしょ》寄進状《きしんじょう》がありますが、その内容は柳川領の村々へ御祈祷札《ごきとうふだ》7000枚を差し出した御礼として初穂米五十石を寄進する旨が明記されています。

【図表16　立花宗茂の五輪塔】

この場合は配札とはないものの、大円院の僧侶が柳川領内において配札した結果の上に、大円院への五十石が寄附されたものと読み込まれます。史料の文頭に「柳河領中郷方江《やまがわりょうちゅうごうがたえ》」とあり、既に配札が終わった後に発給された文書と解されるからです。

そこには、檀那寺は領主から単に扶持《ふち》を受けただけではなくて、その代償として領地内での配札が行為としてなされなければならなかった事実が垣間見られます。配札の行為が領内全体の家内安全を目的としたものであることにも、注目されます。

7000の数は、柳川領内の家数であったと考えられます。柳川の地は真言宗の檀家は全体に少なく、浄土宗や浄土真宗の檀家が目立つ地域です。前記の相模国のケースと同じで、宗派に関係なく高野山大円院の御札が領内に配られた様子がうかがえます。

柳川領の石高は、十万九千六百石でした。現在の、福岡県柳川市《やながわし》・みやま市と、大牟田《おおむた》・八女《やめ》・筑後《ちくご》・大川《おおかわ》の四市の一部が旧領地です。

大円院の僧侶は、領主の立花氏と領民からのダブルで、配札の対価を得ていたことも指摘されます。その、「立花内膳以下連署寄進状」を以下に紹介します（「大円院文書」『高野山文書』第７巻所収）。

柳河領中郷方江、従貴院年々御祈祷之御札七千枚宛被差出候付、為御初穂米五拾石充、従當未年毎年十二月大坂蔵屋敷迄、従役人共差越可申候間、可被成御受納候、仍如件

寛政十一　　　　　　立花要人
　正月十一日　　　　由布五兵衛
　　　　　　　　　　　十時太左衛門
　　　　　　　　　　　由布又太郎
　　　　　　　　　　　小野勘解由
　　　　　　　　　　　立花内膳

文書は「柳河領中郷方え、貴院より年々御祈祷の御札七千枚宛て差し出されそうろうに付き、御初穂米五拾石充てとし、当未の年より毎年十二月大坂蔵屋敷まで、役人ども差し越すより申すべくそうろう間、御受納なさるべくそうろう、よって件の如し」と読まれます。要は、柳川の大坂蔵屋敷より、五十石を差し出すように申し伝えておくので、受け取るようにいっているわけです。

主だった大名家と高野山の塔頭寺院

次に高野山の塔頭寺院と宿坊証文で結ばれた主だった大名家を挙げてみます。徳川将軍家をはじめとする親藩とほとんどの譜代大名は大徳院（現在の蓮花院）と宿坊関係を結んでいましたので下表からは省いています。

北は陸奥国（青森県）から南は薩摩国（鹿児島県）と全国各地と高野山の結びつきを今に伝えています。

なお、塔頭寺院の中には、今では他の寺院へと統合されるか、あるいは廃絶された寺院もあります。

【図表 17　主だった大名家】

陸奥国	仙台	（宮城県仙台市）	伊達家	北室院
伊予国	宇和島	（愛媛県宇和島市）	伊達家	北室院
出羽国	山形	（山形県山形市）	最上家	観音院
出羽国	秋田	（秋田県秋田市）	佐竹家	清浄心院
河内国	長尾	（大阪府枚方市）	久貝家	曼荼羅堂
若狭国	小浜	（福井県小浜市）	京極家	持明院
信濃国	諏訪	（長野県諏訪市）	諏訪家	金剛頂院
豊前国	中津	（大分県中津市）	小笠原家	徳善院
肥前国	佐賀	（佐賀県佐賀市）	鍋島家	本願院
陸奥国	南部	（青森県南部町）	南部家	遍照光院
阿波国	徳島	（徳島県徳島市）	蜂須賀家	光明院
紀伊国	新宮	（和歌山県新宮市）	水野家	常慶院
陸奥国	弘前	（青森県弘前市）	津軽家	遍照尊院
土佐国	高知	（高知県高知市）	山内家	正覚院
薩摩国	鹿児島	（鹿児島県鹿児島市）	島津家	蓮金院
越後国	新発田	（新潟県新発田市）	溝口家	三宝院
陸奥国	相馬	（福島県相馬市）	相馬家	真徳院
日向国	飫肥	（宮崎県飫肥市）	伊東家	来迎院
陸奥国	白河	（福島県白河市）	丹羽家	三宝院
筑後国	久留米	（福岡県久留米市）	有馬家	中性院
但馬国	出石	（兵庫県出石市）	小出家	万智院
備後国	広島	（広島県広島市）	浅野家	悉地院
加賀国	金沢	（石川県金沢市）	前田家	天徳院

【図表 18　島津家久の五輪塔】

【図表 19　山内一豊の五輪塔】

【図表 20　伊達政宗の五輪塔】

高野山参詣と宿泊の功徳

奥之院に30万もの石塔が造立されている理由は上記のような背景があったからなのです。我々の先祖も、高野山へ参詣し、宿坊に宿泊して、奥之院へ石塔を造立したのでは、と想像をたくましくしてしまいます。

古の人々は、生涯一度は高野山参詣をしようと夢見たのでした。聖地高野山を参詣すると様々な功徳が得られました。

『平家物語』の一節に、「一夜も彼の山（高野山）に宿る者は、本有万陀《ほんうまんだ》羅界会《らかいのえ》を開て（生まれつき具わっている仏性が顕現して）、三十七尊の尊位につらなる」、と記されています。文中の「三十七尊」とは真言宗でいう金剛界曼荼羅《こんごうかいまんだら》の三十七尊のことです。要するに、高野山で静かに一泊すると、宿泊者はその金剛界曼荼羅世界に仏として連なることができると明記しているわけです。全国には宿坊寺院が数多ありますが、これ程の功徳を明示するところはありません。高野山は、この世ではなくあの世のお浄土の世界なのです。さらに、鎌倉時代の史料の『高野山御幸御出記《こうやさんごこうおんしゅっき》』には高野山参詣をすると、次の三つの功徳があると明記しています。

①高野山に一歩でも足を踏み入れた人は「三悪道《さんなくどう》（地獄《じごく》・餓鬼《がき》・畜生《ちくしょう》）の三つの世界）から逃れることができる。

②高野山に一度でも参詣した人は、高野山までの道中で自分自身の罪障《ざいしょう》（往生極楽する上で妨げとなる罪）が消滅する。

③高野山に一度でも参詣した人は、56億7000万年後の弥勒菩薩がこの世に下生した時にあやかることができる。

高野山参詣をして、高野山奥之院に石塔を造立した人たちは、無常の喜びに満ち溢れていたに違いないことを指摘したいと思います。一般に石塔から連想されるのは、墓所であり、何かおどろおどろしいものかと思われるかもしれませんが、高野山奥之院の石塔群は、そんなことではないことを強調したいと思います。人々の純粋な願いが結集して形となったのが、高野山奥之院の石塔であることも、さらに強調したいと思います。鎌倉時代初めから今に至るまで、高野山奥之院で石塔の造立に関わった全国から集まった何十万もの人たち－石塔の造立にいたらず、納骨だけをした人たちを含めると何千万人かー は、ここ奥之院に永久の安住の地を得たのでした。

2　高野山奥之院の石塔

江戸時代の奥之院中の橋付近の様子（『紀伊国名所図会』）

①　石塔を調べる意義

石塔とは

石塔とは、何か。それは、道端に立つ石の地蔵、寺院の古い石でできた塔などの、私たちの身近にある石でできた造形美術のことです。

歴史を研究するには、書き記された文献から調べる方法（文献史学《ぶんけんしがく》）はありますが、古い時代の文献は残っていることは稀で、しかも、そのわずかに残った文献も権力者側から書かれたものばかりです。

その上、それらの残り少ない文献は、博物館などの収蔵庫の中に大事に保管されて、一般の人々は容易に見ることすらできません。

どこにでもある石塔

その反面、石造物はどこにでもあって、だれでも自由に見ることができます。そして、それら石塔は、ただ単に造られたものではなくて、それぞれに目的があってできています。

一例をいえば、路傍の野の石仏に私たちがお供え物を捧げるように、生きた信仰をもった庶民の遺品なのです。

その石塔について、写真を撮り、寸法を測り実測図を作成し、文字があれば拓本を取り解読し、造られた時代の推定をして、関連する文献・伝承を参考に調査・研究を進めれば、文献では見ることのできなかった歴史の一面が見えてくるし、先人たちの生きた声も聞くことができるはずです。

まさに本書の目的は、その石塔から見た高野山の歴史の断面を垣間見ることにあるのです。

【図表 21　路傍に集められた室町時代の一石五輪塔（高野山奥之院）】

②　高野山奥之院の中世石塔の概要

日本一の石塔の量

鎌倉時代から南北朝時代・室町時代・安土桃山時代を経て江戸時代草創期の慶長末年（1615）までの中世の年号と年次を明示する有紀年銘の石造物は、1,969 基が弘法大師空海の入定の地である奥之院を中心とする高野山に集中して存在します。

この 2,000 にもならんとする数値は、一つの自治体においては例外的に極めて多い数なのです。そもそもが、中世石造物に紀年銘を有するものの存在自体が珍しく、大半は無銘品なのです。

中世の石塔だけで 20 万基か

その無銘品の石塔を含めると、恐らくはその 100 倍以上の 20 万基を越える中世の石塔が高野山に存在するものと考えます。これ程の数を有する中世の石塔は、全国的にみても高野山だけです。

例えば、高野町の周辺市町村の九度山町における中世の有紀年銘の石塔は 54 基。兵庫県養父郡養父町（現養父市）で 9 基。兵庫県城崎郡竹野町（現豊岡市）では 6 基が見出されるに過ぎません。

1,969 基の有紀年銘の石塔は、いわば弘法大師信仰の証を今に伝えている信仰の遺物です。そして、中世に限らず、近世・近代を経て今に至るまで、高野山における石塔の造立は連綿と続いているのです。

その、高野山における有紀年銘の中世石塔の造立の変遷を一表にすると図表 22 のようになります。

同表は、在銘最古の石塔の建長 8 年（1256）銘のものから、慶長末年（1615）までの 10 年間を一時期として、造立の数をあらわしたものです。高野山における石塔の造立が鎌倉時代から始まり、徐々にその数を増やして室町時代の中頃にピークを迎えたことなどが伺えます。

本表中、鎌倉時代の年号を有する在銘の石塔は 92 基です。南北朝時代のものは 179 基。室町時代以降の慶長末年まででは、1,698 基を数えます。

【図表22　高野山中世石塔造立数変遷】

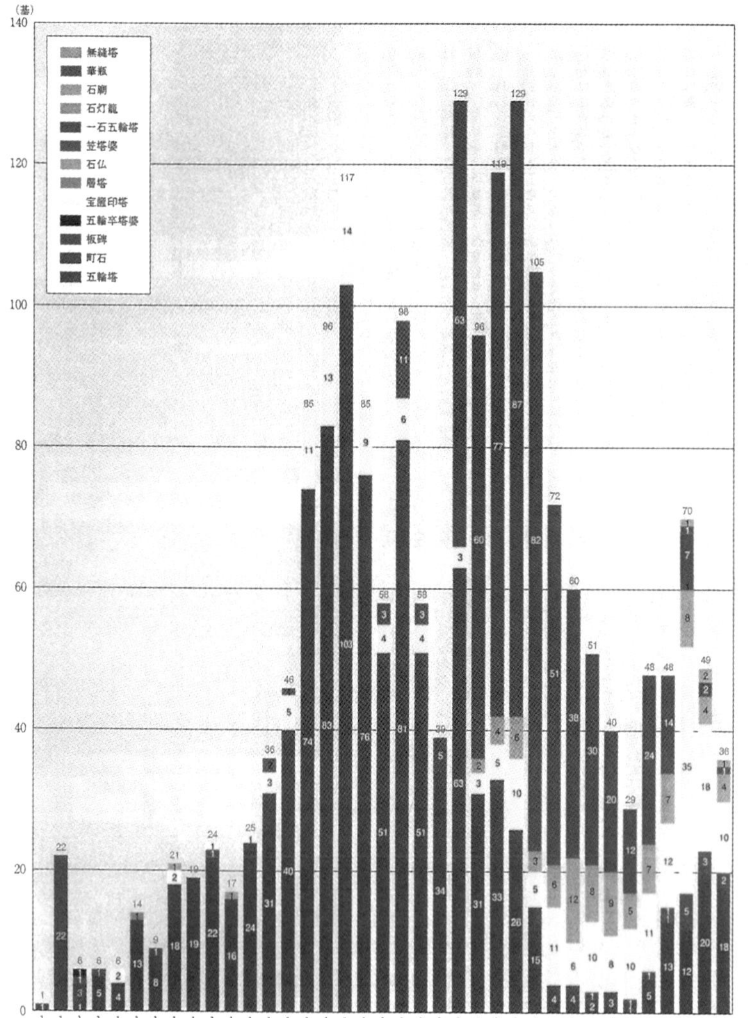

中世石塔の種目

中世石塔の種目として分類されているのが、次の16種目です。

石塔研究の先駆者の川勝政太郎《かわかつまさたろう》博士の著書から石塔の概略図を引用しましたので、合わせてご参照してください（図表23参照）。

【図表 23　中世石塔一覧（川勝政太郎『日本石造美術辞典』】

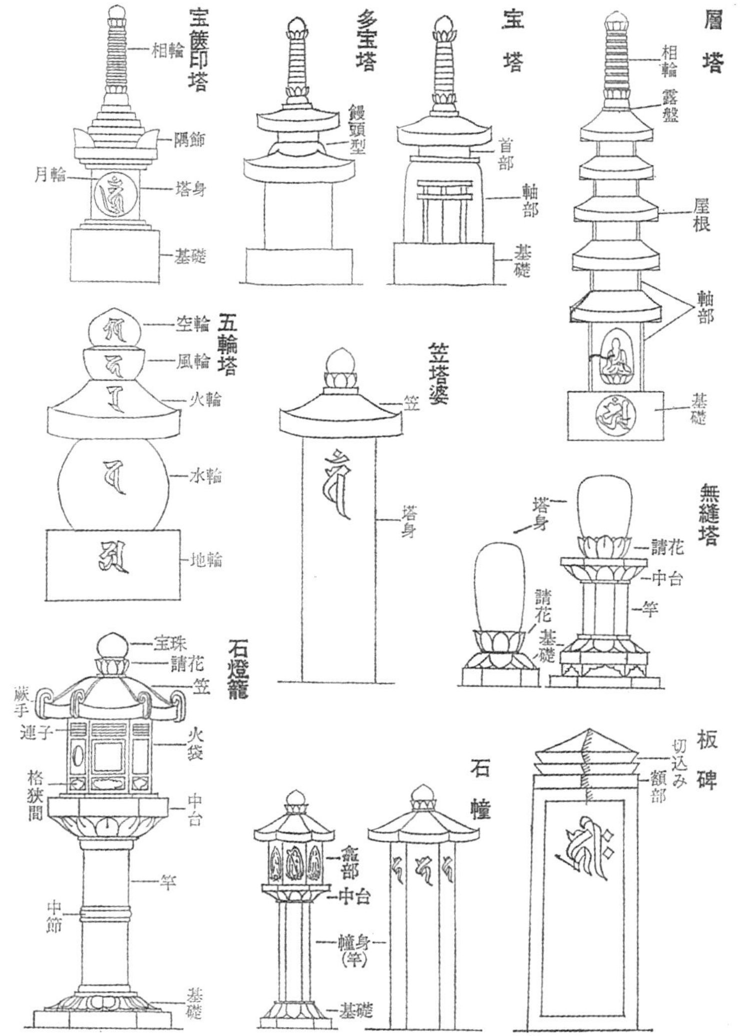

石造美術各種

1 層塔《そうとう》　2 宝塔《ほうとう》　3 多宝塔《たほうとう》　4 五輪塔《ごりんとう》　5 五輪卒都婆《ごりんそとば》　6 一石五輪塔《いっせきごりんとう》
7 宝篋印塔《ほうきょういんとう》　8 板碑《いたび》　9 笠塔婆《かさとうば》　10 無縫塔《むほうとう》　11 石幢《せきどう》　12 石碑《せきひ》　13 石仏《せきぶつ》
14 石室《せきしつ》　15 台座《だいざ》　16 その他

この 16 種目の大半は寺院にみられるもので、信仰上の遺物です。この中には特殊な種目もあり、石塔を最も多く今日に伝えている高野山であっても、全種目は揃えません。

高野山で見出されたのは、五輪塔・五輪卒都婆・一石五輪塔・宝篋印塔・石仏・板碑・笠塔婆・層塔・無縫塔・石室・石幢・その他の12種目です。

以下、在銘品を中心に高野山奥之院の石塔を順に種目別に紹介します。そのことは同時に、高野山における石材工芸史と、石塔からみた弘法大師信仰の歴史の一端を触れることにもなる訳です。

また、本書では石塔ではありませんが、関連の石造物として石燈籠・石造華瓶・石造露盤もあわせて紹介します。

【図表24　一の橋】

【図表25　中の橋】

【図表26　御廟橋】

なお、高野山奥之院の入口は「一《いち》の橋《はし》」（図表24参照）という橋から始まります。そこから真っ直ぐ御廟へと行く一本道を通ります。

中間地点には「中《なか》の橋《はし》」（図表25参照）があり、最後に三番目の橋として、「御廟橋《ごびょうはし》」（図表26参照）を通ると空海がいらっしゃる御廟はもうすぐの目の前です。

先に触れましたように道程2㎞程ですが、その道の両側は目を見張るような石塔群が並びます。

では、次章から具体的に高野山奥之院の石塔を種目別に見ていきましょう。

高野山は全山が聖地でもありますので、奥之院以外の高野山内の塔頭寺院にも石塔が造立されています。一部それらの石塔も紹介することになります。

3　高野山奥之院の石塔各説

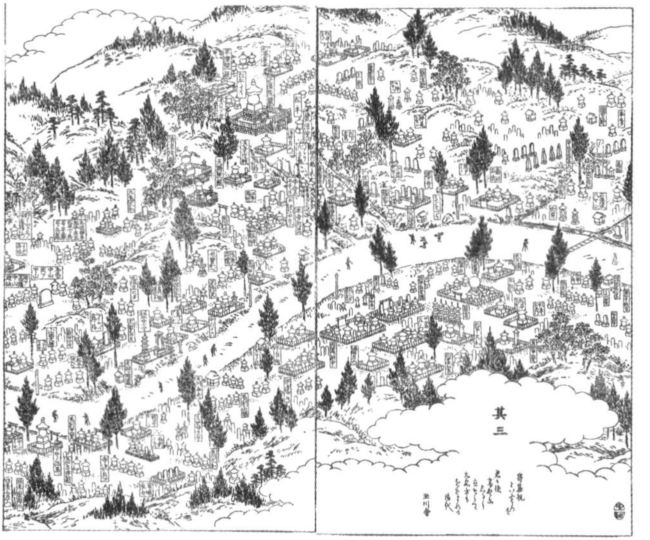

江戸時代の奥之院御廟橋手前付近の様子（『紀伊国名所図会』）

①　五輪塔

五輪塔とは

五輪塔《ごりんとう》とは、方形の地輪・球形の水輪・三角の火輪・半球形の風輪・団形の空輪の五つの部分により成る塔のことです。

五輪塔は石塔となる前に、既に密教経典に五輪図形としてありました。本来は、密教でいうところの真理をあらわす仏様の大日如来《だいにちにょらい》の三昧耶形《さまやぎょう》（シンボル）でした。五輪塔＝大日如来、なのです。五輪図形が、五輪塔の石塔になると、中世においては宗派を超えて造立されました。五輪塔は、我が国において最も多く造立された石塔となります。

高野山奥之院全体の８割程度が、同系の五輪卒都婆・一石五輪塔を含めると五輪塔の形態のものとなります。まさに高野山は密教寺院の本場ですので、五輪塔が普及していった様子が伺えますし、このことは一部の例外を除いて、全国的な傾向でもあります。

在銘最古の五輪塔

全国で在銘最古の五輪塔は、岩手県平泉町中尊寺釈尊院にあります、平安時代末期の仁安４年（1169）銘のものです。

高野山においては先に紹介した、鎌倉時代中頃の建長《けんちょう》８年（1256）銘の西南院《さいなんいん》五輪塔が、在銘最古の石塔として挙げられます。銘文は、「本願阿弥陀仏、建長八季十月、廿九日入滅」とあります（図表27参照）。

【図表 27　建長８年五輪塔銘文】

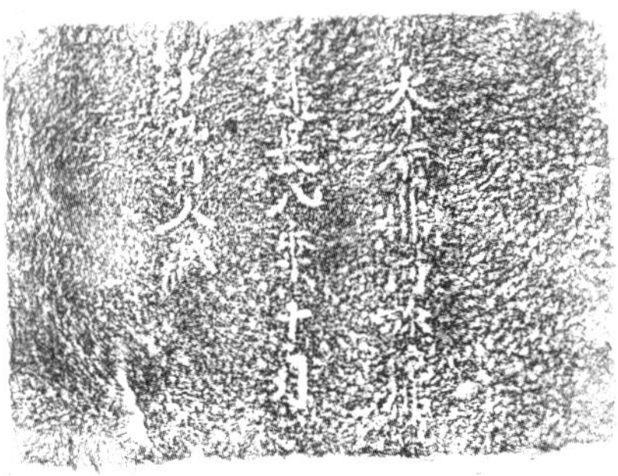

石材は砂岩です。一見して同塔は、完形の五輪塔と見えますが、地輪のみの残欠品で、他の部分は別物の寄せ集めの石造物です。なお、石田茂作氏によりますと、本塔は砂岩製の五輪塔としては近畿地区では最古の在銘品です。

多田満仲の五輪塔は南北朝時代のもの

高野山奥之院には、これよりさらに古い平安時代中頃の年号の天禄《てんろく》元年（970）の紀年銘がある多田源氏《ただげんじ》の祖の源満仲《みなもとのみつなか》の五輪塔（砂岩製）が知られています（図表28参照）。

【図表28　多田満仲の五輪塔（中央）】

銘文は、「右大臣源朝臣、仲光敬白、満仲法名覚信、天禄元年八月廿七日」とありますが、五輪塔そのものの形態は南北朝時代から室町時代初めのもので、その頃になって造立されたものです。銘文にある8月27日は、源満仲の祥月命日《しょうつきめいにち》（故人の死去の当月当日のこと）です。恐らくは、多田満仲の後胤《こういん》の人物か関係者か、満仲を慕う人によって造立されたものと考えます。

このような事例は高野山奥之院の石塔では、この他にもいくつか指摘できます。平安時代末期の源平の合戦で出てくる熊谷直実《くまがいなおざね》の五輪塔は、実は江戸時代の石塔で、その横にある平敦盛《たいらのあつもり》の五輪塔も江戸時代の石塔です（図表29参照）。

【図表29　直実と敦盛の五輪塔】

（左：敦盛塔、右：直美塔）

最古の五輪塔は空海の五輪塔？

五輪塔は、全国的にみて、南北朝期以前のものは少なく古遺品として貴重です。高野山においては、鎌倉時代のものが53基、南北朝時代のものが160基、室町時代から慶長末年までが794基で、都合1007基が見出されました。

空海により開山の真言宗の聖地高野山こそが、五輪塔の最古品があるべきですが、現在のところみつかっていません。10 世紀末の康保《こうほう》5 年（968）に成立した文献の『金剛峯寺建立修行縁起《こんごうぶじこんりゅうしゅぎょうえんぎ》』には、奥之院の御廟に弘法大師空海が入定して七七日（49 日）に五輪塔を造立したと明記しますが、その事実は確かめることができません。原文を紹介しますと、「仰石匠安五輪卒都婆」とあります。

一点、注目されることがあります。

同縁起については平安時代後期頃の古い古写本《こしゃほん》が残っています。前記の現存最古の五輪塔が平安時代末期であることを合わせて考えますと、やはり高野山奥之院の弘法大師空海の御廟にあるという五輪塔が我が国最古の五輪塔である可能性が高いのではないかと考えます。

空海が入定して 49 日に五輪塔を造立したというより、平安時代の後期に五輪塔自体が造立される状況となって、高野山奥之院の御廟に五輪塔が追加で造立さたと解するのが、無理のない解釈のように考えます。やはり、五輪図形を五輪塔へと展開したのは、高野山の僧侶でなかったかと考えます。

高野山と全国各地はお互いに深い関係であったことは、先に紹介しましたが、一方で高野山から全国へ文化が発信されたことが考えられます。

鎌倉時代初期の五輪塔の存在

一方で、高野山の無銘品の五輪塔の中に、建長 8 年（1256）の鎌倉時代中頃をさらに遡る遺物が、複数見出すことが指摘できます。

【図表 30　多聞院の源氏三代五輪塔】

その代表的遺品が、多聞院にある源氏三代の供養塔との伝承がある 3 基の花崗岩製の五輪塔です。銘文はありませんが、その形態によって、鎌倉時代初期のものと判断されます（図表 30 参照）。

時代的には伝承と合致する五輪塔です。

その時代判定の根拠は、平安時代後期の中世墳墓を描いたものとされる「餓鬼草紙」にある五輪塔と酷似するのを理由とします（図表31参照）。

【図表31「餓鬼草紙」に描かれた五輪塔」（筆者トレース）】

同絵画資料にある五輪塔は、地輪の高さは低く、水輪が大きな球形となり、全体に安定感のある五輪塔となっていて、多聞院のものも同様の共通点が見られます。

その他にも、奥之院の一の橋付近にある曾我兄弟《そがきょうだい》のものと伝える五輪塔も鎌倉時代初期の遺物と考えられます（図表32参照）。

【図表32　曾我兄弟の五輪塔（左右）】

高野山の明遍上人《みょうえしょうにん》墓所の五輪塔群も同時期の古遺品です。

奥之院の第２燈籠堂付近で見出された五輪塔地輪も、法量が高さ23㎝・幅50㎝・奥行50㎝で、高さに対する幅の比率が0.46、対比は1：2以下の重厚さのある遺品です。

無銘ですが、鎌倉時代初め頃のものと推定されます。

その地輪の上部中央には直径7.4㎝・深さ10㎝の円形の奉納孔をうがっていて、同塔発見当時その中には火葬骨が充満していました（図表33参照）。

【図表33　鎌倉時代初めの五輪塔地輪】

おそらくは、同五輪塔の被供養者《ひくようしゃ》（供養される人物のこと）の火葬骨が納められていたものと判断されます。

花崗岩から砂岩へ

これら、高野山における早初期の五輪塔の石材は全て花崗岩製です。次の項目で紹介する、鎌倉時代に造立された町石も全て花崗岩製であることを考えると、高野山での石材工芸がこの石材から始まったことが指摘されます。

ところが、町石造立直後の弘安期からの鎌倉時代の高野山では一部の例外を除いて、ほとんど砂岩製の五輪塔が造立されています。花崗岩から砂岩へと石材使用の変遷のあとがみられます。

この頃の鎌倉時代の五輪塔は、石造物の造形的頂点を成すもので、美術的にも見るべきものが多いのが特色です。

噛合《かみあわ》せ五輪塔

中でも、西南院にある３基の砂岩製五輪塔は、五輪塔の美しさをみごとにあらわした優秀作です。現状は４基が並んでいて、向って右端が弘安７年（1284）、２番目が弘安４年（1281）、３番目が弘安10年（1287）で、左端が前記の建長８年（1258）五輪塔です（図表34参照）。

いずれも、砂岩の緻密な石質で、正面に梵字を大きく刻し、優美な曲線を描いた造形物となっています。一箇所に鎌倉時代の五輪塔が４基もあるのも極めて珍しい事例です。同塔４基は和歌山県指定文化財でもあります。

この西南院五輪塔の４基全てに共通する特色が、風輪の下端が火輪の上端に喰い込んでいる点です。この形態のものは、“噛合せ五輪塔”と呼称されています。

【図表34　西南院の鎌倉時代五輪塔群】

全国的にみて噛合せ五輪塔の数は少なく、その実例を挙げると、大分県臼杵市中尾の嘉応２年（1170）・承安２年（1172）在銘品と無銘品の３基と、同県同市野津町都留平の弘安８年（1285）在銘品、和歌山県那智山奥院五輪塔などしかありません。

高野山においては、西南院五輪塔に限らず奥之院の各所でこの噛合せ五輪塔の残欠品が認められます。いずれも、鎌倉時代の遺物で、“高野山式五輪塔”とも仮称される五輪塔です。

噛合《かみあわ》せ五輪塔の一例

【図表35　嘉元3年五輪塔】

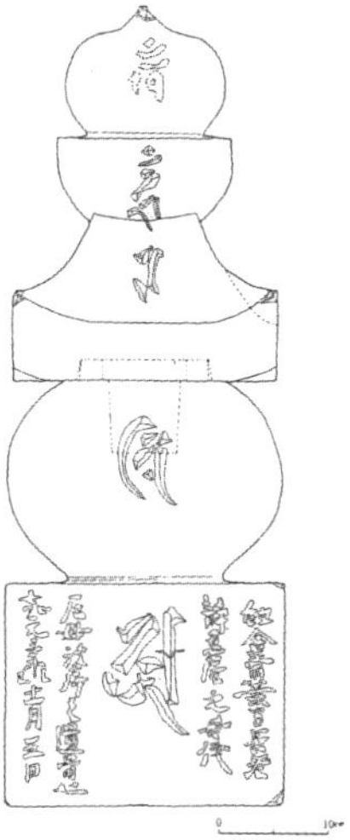

図表35は、嘉元3年（1305）の銘文がある完形の噛合せ五輪塔です。銘文が、

鎌倉常華寺長老、静忍房之母儀、尼妙波房之遺骨也

嘉元三年乙巳十一月五日

とあります。

鎌倉の常華寺長老静忍房の母である尼妙波房の遺骨を納めた五輪塔であることを明示しています。

いつの時代もだれであっても、子が母を慕う想いは同じであることに思いを馳せます。

遠く、関東の鎌倉から尼妙波房の遺骨が高野山へもたらされて、その当時の高野山で流行していた噛合せ五輪塔で造立したものです。実測図にもあるように、同五輪塔は地輪と水輪が一石で、火輪・風輪・空輪は一石でできた、二石で彫成された五輪塔です。

水輪の上端には高さ1.8㎝、幅2㎝、径11.8㎝の円形座《えんけいざ》の枘《ほぞ》（2つの石材を接合する時に一方の材につける突起のこと。他方の材にその突起を受けるための枘孔をうがつ）を造り出して、その中央には口径6.6㎝、深さ5.5㎝、底径6㎝の奉納孔があります。

火輪底部には水輪の枘を受けるための口径12.6㎝、深さ1.8㎝の枘孔を造ります。五輪塔造立当初は、その奉納孔の中に尼妙波房の遺骨が納められたものと推察されます。現状では納入品は失われています。

通常の形態の五輪塔の一例

その噛合せ五輪塔と共に、通常の形態の五輪塔も鎌倉時代の高野山では造立されています。その一例として挙げられるのが、法然上人の五輪塔です

（図表 36 参照）。

【図表 36　法然上人五輪塔】

砂岩製で、同塔も鎌倉時代の高野山の五輪塔の特色をよく示しています。前記の西南院五輪塔との違いは噛合せの有無だけです。

これにより、鎌倉時代の高野山において、噛合せ五輪塔と通常の五輪塔を造る２系統の石大工《いしだいく》（木造建築に限らず、金属工芸全ての製作者を古くは大工と称しました。石を材料とする者は石大工といいました）が存在したことが指摘されます。

この後に紹介します高野山町石卒都婆は鎌倉時代の文永・弘安期の造立当初のものも、噛合せとそうでない通常の形態のものに大別されます。町石卒都婆のほうが、砂岩製の五輪塔より先行しますので、町石を造った石大工がその後も高野山の石塔の造立に影響していたことなどが考えられます。

さて、この通常の形態の五輪塔の法然上人塔は、正面に「源空」、背面に、

為四恩法界平等利益也、正和四年乙卯十月十日

と銘文があり、鎌倉時代の正和４年（1315）に造立されたものとわかります。おそらく、現状の背面が元は正面であったと考えます。「源空」銘は、後年に施されたものです。

【図表 37　西南院小型鎌倉時代五輪塔】

鎌倉時代からあった大きさの違い

図表 37 の嘉元３年（1305）五輪塔の総高は、71.9 ㎝です。前記の西南院の五輪塔の総高は、104 ㎝～ 105 ㎝を計ります。

他方、西南院には噛合せ五輪塔がもう一基あります。無銘品ですが、鎌倉時代の古遺品です（図表 37 参照）。

この無銘の噛合せ五輪塔の総高は 62.6 ㎝で、在銘品と比べると、50％程全体を縮小

した小型の五輪塔の形態となっています。一口に五輪塔といっても、大きいものと小さいものの存在が指摘されます。

それでは、大型のものと小型のものの違いは何故なのかが問題となります。両者に残された銘文からは、性格の違いはありません。当然のことながら大型のもののほうが、経費も余分にかかったことは考えられます。

五輪塔の大小については、五輪塔造立者である施主側の意向であったものと考えます。実は、このことは重要な点で、これまで中世における石塔は、大型のものから次第に小型化する傾向にあるとされていましたが、小型化については既に鎌倉時代からあったことを示唆しています。

鎌倉時代の五輪塔の特色

また、鎌倉時代の五輪塔の特色として、石材工芸の構造上もいくつかのパターンがあります。鎌倉時代の石塔の造立は、先に触れました大きさの大小の問題と合わせて、それぞれがオーダーで注文するような状況であったことが考えられます。

前記の嘉元３年（1305）五輪塔は紹介したように、同五輪塔の水輪上部には奉納孔があり、その施設を守るように円形座の枘を造り出し、それを受けるための枘孔をうがっているものがあります。この奉納孔が施された場所についてまとめると、

①水輪上部にうがつもの

②地輪上部と水輪下部にかけて一体としてうがつもの

③地輪上部にうがつもの

④地輪下部にうがつもの

都合、四つのパターンが見出されています。この４種の奉納孔を有する石塔は、現在のところ④以外は鎌倉時代のものに限られています。

次に鎌倉時代の五輪塔そのものの構造ですが、以下の５種類が認められます。外見は同じ五輪塔ですが、構造の違いがこの頃はあったことがわかります。その違いの理由はどこにあるのか、わかりませんが、先に紹介した奉納孔の位置によることも一因かと考えられます。

①一つの石で地・水・火・風・空の各輪を造ったもの。

（一石彫成五輪塔《いっせきちょうせいごりんとう》）

②地・水輪を一石、火・風・空輪を一石で造ったもの。

（二石彫成五輪塔《にせきちょうせいごりんとう》）

③地輪を一石、水輪を一石、火・風・空輪を一石で造ったもの。

（三石彫成五輪塔《さんせきちょうせいごりんとう》）

④地輪を一石、水輪を一石、火・風輪を一石、空輪を一石で造ったもの。

（四石彫成五輪塔《よんせきちょうせいごりんとう》）

⑤地輪を一石、水輪を一石、火輪を一石、風・空輪を一石で造ったもの。

（四石彫成五輪塔《よんせきちょうせいごりんとう》）

鎌倉時代の五輪塔の紹介

【図表 38　弘安８年五輪塔銘文】

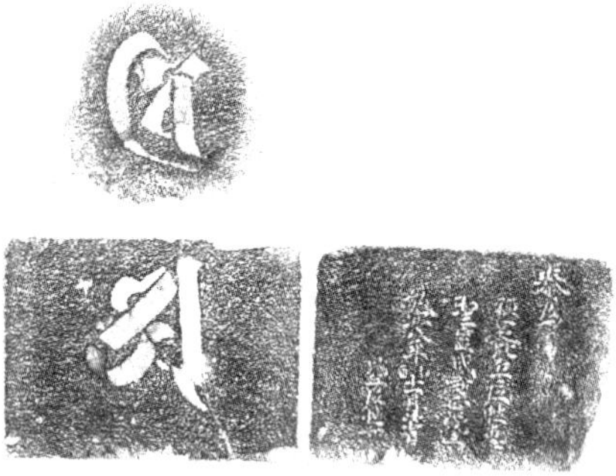

図表 38 は、弘安８年（1285）の地・水輪一石の遺物です。上記②の二石彫成五輪塔の残欠品と判断されます。正面に梵字を大きく配して、地輪の右側面に、

奉為、禅定比丘尼性恵、聖霊成等正覚也

弘安八年乙酉十一月廿七日、

比丘尼性如

と銘文があります。

【図表 39　丹生都比売神社五輪塔】

性恵のために、性如が造立した五輪塔です。

両者は女性の在俗出家者で、同じ「性」の文字があることから、母と子の関係かと思われます。

図表 39 は、高野山の山麓のかつらぎ町上天野《かみあまの》の丹生都比売神社《にうつひめじんじゃ》に所在の一石彫成五輪塔です。高野山外の遺物ですが天野《あまの》地区と高野山は関係が深く石造物でも高野山と全く同一の遺物が同地区内に点在します。

無銘品ですが、西南院の弘安４年（1281）一石彫成五輪塔と同一タイプで、同時期に造立されたものと判断されます。注目すべきは地輪底部で、径13.4㎝、高さ2.4㎝の枘を造りだしています。五輪塔造立当初は、この枘を受ける別石《べっせき》の基壇《きだん》があったことが考えられます。

現在は、五輪塔だけが残っています。奥之院においても、この枘が地輪底部にある鎌倉時代の五輪塔が見出されています。

五輪塔だけでなく、五輪塔そのものを飾る基壇があることは、より丁寧な造りをした五輪塔だったことがわかります。

銘文の書体

【図表40　延慶３年五輪塔銘文】

五輪塔に刻された銘文の書体についても、鎌倉時代の遺物には特徴的なものの存在が指摘されます。

図表40の延慶３年（1310）五輪塔がそれで、草書体の銘文の、

　為亡父證阿、往生極楽也、
　延慶三年、十月十五日
　孝子 藤原祐重 法円祐貞

が刻されています。

銘文にある「孝子《きょうし》」とは親孝行な子供という意味ではありません。親の霊をまつる子の自称です。それで、銘文にある、藤原祐重と法円祐貞は兄弟であったと考えられます。

おそらく、この銘文は五輪塔を造立した藤原祐重か法円祐貞のいずれかが墨書した銘文を、五輪塔を造った石大工が刻したものと考えます。

五輪塔造立者は、高野山に建塔するに際して、自身も高野山登山をして造立に関わったことが推測されます。

特異な銘文

五輪塔の銘文について特異なものを一つ紹介します。地輪に軍配模様をレリーフした中に、男女の法名である「沙弥行佛、比丘尼見阿」を刻したもの

です（図表 41 参照）。

両人は夫婦であったと思います。

いつ造立されたのか、紀年銘はありませんが、全体の手法と銘文の形態により鎌倉時代中頃から後期のものと推定します。

なお、鎌倉時代にまで遡る軍配そのものの存在を知りません。

【図表 41　軍配模様に銘文を入れた五輪塔】

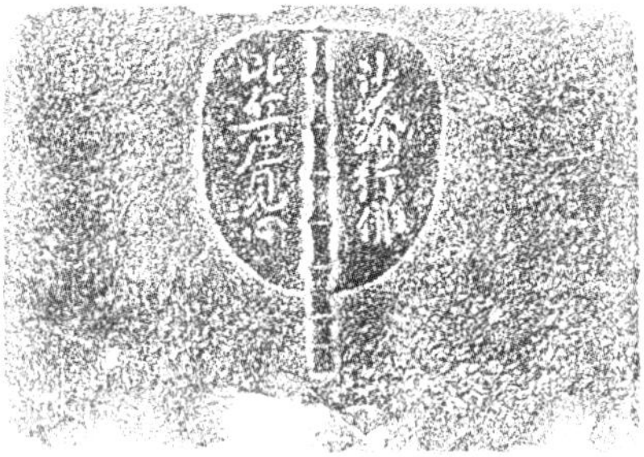

その点、軍配の研究上においても、本五輪塔は貴重な遺品と考えます。

銘文があるところ

五輪塔で銘文を刻する場所は、地輪部分ですが、一点だけ火輪の裏面部分の隠れて見えないところに銘文を入れたものがあります。

それが図表 42 で、「一千日参詣願阿」と刻しています。

高野山の参詣が千日を迎えた願阿が、記念に五輪塔を造立したことがわかります。

【図表 42　火輪底部の銘文】

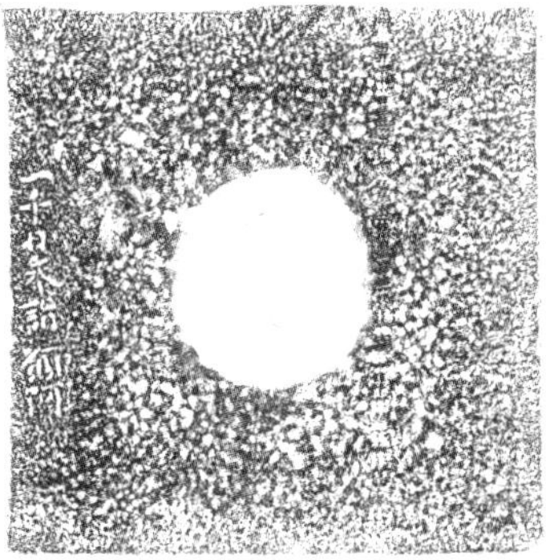

願阿は、一般に見えるところではなくて、密かな自身の造立の目的を火輪の裏面に刻したのではないかと思います。紀年銘はありませんが、火輪の形態と銘文の形により、鎌倉時代の中頃から後期のものと判断されます。造立者「願阿」の、奥ゆかしさを思います。

珍しい滑石製の五輪塔

鎌倉時代の五輪塔にみえる石材の使用については、上記の花崗岩・砂岩が大半を占めますが、珍しい石材として一点だけ滑石製《かっせきせい》の五輪塔水輪が見出されています（図表 43 参照）。

この滑石製の石塔については、高野山周辺では和歌山県紀の川市・岩出市と、隣接する大阪府岬町において、鎌倉時代の遺物が分布します。

おそらくは、同地域周辺から高野山へと持ち込まれた石塔と考えられます。

高野山からは石塔に適した石材が取れません。

奥之院にある石塔の全てが、他より造られて、運び込まれたものなのです。

【図表 43　滑石製五輪塔水輪】

奥之院にあった嵯峨天皇の五輪塔

また、高野山奥之院には、鎌倉時代にさかのぼる皇室関係の石塔があります。それが、平安時代初めの嵯峨天皇《さがてんのう》の五輪塔です。

現在はその所在が不明でわからなくなっていますが、江戸時代に描かれた高野山持明院所蔵の奥之院の古絵図に、

嵯峨天王御墓所、弘安二歳四月朔日

と注記を記した五輪塔を見出すことができます。

場所は、奥之院の中の橋付近にありました。五輪塔には、「弘安二歳四月朔日」と銘文があったことを伝えています（図表 44 参照）。

嵯峨天皇は延暦 5 年（786）を生年として、 承和 9 年（842）に崩御された、第 52 代天皇です。

それで、五輪塔が造立された鎌倉時代中頃の弘安 2 年（1279）とは相当の時間差があります。

これは、ちょうどその鎌倉時代中頃に高野山奥之院においては石塔の造立が一つの画期を迎えたことにより、その流れで嵯峨天皇の五輪塔が造立されたことが察せられます。

嵯峨天皇は空海を引き立てたことでもよく知られた天皇です。空

【図表 44　嵯峨天皇の五輪塔】

（『高野山古絵図集成』）

海と共に、三筆の一人とされています。恐らくは、そのことを十分にわかっていた高野山側の僧侶により、そのＰＲのため（これを唱導《しょうどう》といいます）に立てられた五輪塔ではないかと考えます。

その形は、これまでに紹介しましたように、あるいは噛合せの五輪塔であったかもしれません。形のよい鎌倉時代の五輪塔には違いなかったはずです。

南北朝時代の五輪塔

次に、南北朝時代の五輪塔について話を進めます。南北朝時代の五輪塔は、鎌倉時代のからの影響で独自性のある遺物が若干みられるものの、その形態は、次第に画一化していく傾向にあります。

五輪塔の構造も、前記の鎌倉時代の⑤四石彫成五輪塔のものの1種のみとなります。現状では、この時代五つの部分が全て揃った完形の遺物の存在は確認できません。それで、地輪部分の在銘品により調べるしかない、というのが現状です。

花押を刻した五輪塔

図表45は応安6年（1373）閏10月に造立された五輪塔のものです。

銘文は、

修淨福造、立此塔一所、応安六又十月（花押）

とあります。「又十月」とは閏10月のことです。

【図表45　花押を刻した五輪塔火】

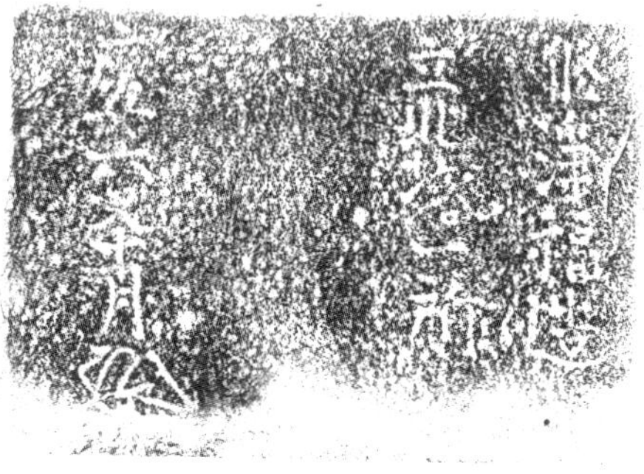

このように、花押を石造物に刻する遺物は、高野山ではこの石塔だけです。

浄福《じょうふく》という人物が造立した五輪塔であることを伝えています。花押は浄福自身のもので、五輪塔造立に際して浄福が銘文を記して、その証として花押をしたためたことがわかります。

この花押の存在は、高野山における石塔造立の様子をも垣間見ることになります。おそらく、碑面ができあがった五輪塔の地輪正面に造立者の淨福は筆で銘文を自身で墨書したのでしょう。その後に、石大工がノミで銘文と花押を刻したのです。

石塔にある銘文は、「金石文」という範疇に入れられますが、その性格は石に刻された古文書であり、そのことを本五輪塔はよく示しています。

銘文は、「浄福、修め、此塔を一所に造立」と読めます。問題は、浄福は何を修めたのかです。この点は、造立者の淨福が生きているうちに、高野山奥之院に石塔を造立したことを含めて重大なことです。

生前供養の「逆修《ぎゃくしゅ》」をして造立した五輪塔

これは「逆修」をして高野山に造立した五輪塔でないかと考えます。逆修とは、生きているうちに自身の葬儀をすることです。

死者のために追善をした時、その福を七分してその一つを死者が受け、残りの六分は追善を行ったものが受けると信じられていました。それで、生きているうちに自身の葬儀をすると、受ける分の一分と行った分の六分の七つの福の全てを自分自身が受けることになります。これを「七部全得《しちぶぜんとく》」といいました。まさに、逆修をする目的はこの七部全得にあったのです。

現在では生前葬をすることは、珍しいこととされていますが、かつての我が国では、あたりまえのように生前葬がなされて石塔が造立されていったのでした。この「逆修」は、古の人たちの現在とは違う死生観を垣間見るようでもあります。現代人よりも、中世にさかのぼる我々の祖先の方が「死」が身近で、来世に対する切なる純粋な思いがあったことにも思いを馳せます。

さらに言いますと、中世人の方が葬儀について、忌み嫌うのではなくて、正面から向き合っていたのではないかと思います。

また一方で考えられることが、逆修をすることで擬死再生をして新たな生命を得ようとしたことです。

例えば、平家物語に描かれた平清盛は病に倒れた時、出家することで病が癒えて余生を全うしたとします。おそらく、清盛は逆修をしたものと考えます。清盛は、単なる出家をしたのではなかったのです。

緑泥片岩製の五輪塔の出現

南北朝時代になると、高野山では新たに緑泥片岩《りょくでいへんがん》製の石造物が現れます。

ただ、高野山周辺では前記の高野山山麓かつらぎ町上天野《かみあまの》の丹生都比売《にうつひめ》神社にはさらに古い鎌倉時代の正安４年(1302）の緑泥片岩製五輪卒都婆があります。和歌山県海南市下津町《かいなんしししもつちょう》の藤白峠《ふじしろとうげ》にも、鎌倉時代の緑泥片岩製の宝篋印塔（県指定文化財）があります。高野山においても、鎌倉時代の緑泥片岩製石造物の発見が期待されます。

緑泥片岩は、秩父帯《ちちぶたい》という日本の房総半島から関東山地、赤石山脈、紀伊山地、四国山地、九州山地を経て沖縄本島までの長さ 1500 ㎞にわたって帯状に分布する地体構造区分の一つが通っていますが、それは主にジュラ紀の付加体からなり、埼玉県秩父市より命名されたものです。この秩父帯から、緑泥片岩が産出されます。

紀伊山地の秩父帯が見られるのが、奈良県吉野川域と和歌山県紀ノ川域に見られる緑泥片岩です。緑泥片岩とは、高野山山麓から産出する言わば在地の石材ということができます。

ただ、この緑泥片岩は縦に割れる、という性質があり加工が困難だと言われる石材です。緑泥片岩の石塔は遠く関東にも多く残されていますが、大半が後で紹介します板状の石塔の板碑です。四面ともに加工をした五輪塔の存在は、高野山とその周辺の石大工の加工技術の優秀さを今に伝えているものと考えます。

近年そのことを証明するような石塔が見出されました。高野山麓のかつらぎ町三谷から、緑泥片岩系の岩石の緑色片岩を加工した３面に大日・釈迦・阿弥陀の如来像を刻出した一重塔が発見されたのです（図表 46 参照）。

銘文はありませんでしたが、その形態から鎌倉時代初め頃の遺物と考えられるものでした。

【図表 46　かつらぎ町三谷の一重塔】

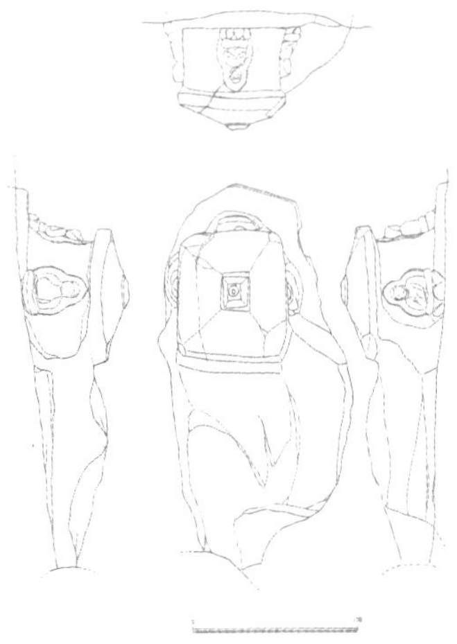

ということは、既に鎌倉時代初期には緑泥片岩を加工する優れた技術を有した石大工が存在したこととなります。ますます、高野山奥之院における鎌倉時代の緑泥片岩製石塔の発見へ、期待がふくらみます。

室町時代の五輪塔

次に、室町時代になると五輪塔はさらに造立数を増加します。特に 15 世紀に入った応永 18 年（1411）～同 27 年（1420）の 10 年間における五輪塔の造立数は 103 基と最大数を示しています（28 頁・図表 22 参照）。

この室町時代における石塔造立の多さは、全国的な傾向ですが、高野山における統計はそのことを実証的に示しています。

ただ、鎌倉時代の石塔と比べると石塔ごとに見られる特色はなくなり、どの五輪塔も多少の大小の違いぐらいで、どれも同一タイプにできています。このことから読み取れるのは、石塔の大量生産化です。おそらくは、五輪塔の規格品が石大工の手により事前に造られたものが既にあって、造立者の注文に応じてそれらが高野山に立てられていった様子が想定されます。

この時期の五輪塔の地輪の高さは 20cm を越えるものはほとんどなく、12 ㎝～ 18 ㎝程度のものばかりです。この大きさでは、完成時の五輪塔の総高は 60 ㎝程と推定されます。

像容を刻する五輪塔

室町時代の有紀年銘の五輪塔のほとんどは、正面中央に梵字の「ア」を刻して、その左右に銘文を配します。

珍しい事例としては、地輪正面に舟形に彫り込んだ中に、合掌し蓮弁に坐像する如来像を陽刻する、長禄 3 年（1459）の銘文を有するものがあります（図表 47 参照）。合掌する容像は、五輪塔の被供養者自身と考えられます。

【図表 47　像容を刻する五輪塔】

高野山奥之院の五輪塔では唯一の像容を刻する五輪塔です。

室町時代の五輪塔造立数の増減と石材

そして室町時代の五輪塔は、15 世紀終わり頃になると減少傾向にあり、16 世紀中頃には数基の造立をみるだけとなります。

17 世紀に入ると再び増加傾向となります。使用される石材は、砂岩が中心ですが、緑泥片岩も室町時代になると相当数の遺物が見出されます。

特に、15 世紀末から 16 世紀初めにかけての在銘品の中に目立って緑泥片岩製の石造物の存在が指摘されます。花崗岩のものは、15・16 世紀においては数基を数えるだけのごく一部ですが、17 世紀に入ると増加傾向にあります。

他には、凝灰岩製の遺物も数基ですが見出されています。また砂岩の素地の中に礫岩が入ったものがあり、砂岩と一言で断定できないものも含んでいます。おそらく、少数ですが全国各地からの石塔の搬入があったことが考えられます。

安土桃山時代の五輪塔―大型五輪塔造立の胎動―

高野山奥之院では、江戸時代になると大型の大名墓の造立が大きく目立っています。奥之院の参道の両側にそびえ立つ大型の五輪塔がそれです。

その近世の大型化した五輪塔に先行するものが、安土桃山時代の五輪塔です。まさに、大型五輪塔造立の胎動ともいうべき五輪塔がこの頃に造立されています。

それまでは、総高が 60 ㎝までの五輪塔がほとんどでしたが、その 2 倍以上の大きさの石塔が造られ始めます。戦国時代がようやく終焉となり、世情が安定した頃のことです。この時代の人たちの新たな意識の変化が読み取れるものと考えます。

従来の意識から抜け出して、“大型の石塔を造ろう”と。それが造立者自身のためで、被供養者の供養のためと思われるようになったと考えます。まさに、「大きいことはいいことだ」という意識の変化を読み取れるものと考えます。

河野母子の五輪塔

【図表 48　河野母子五輪塔】

先ず挙げられるのが、四国は伊予国河野水軍の最後の当主の河野通直《こうのみちなお》の天正 15 年 (1587) 五輪塔と、その河野通直の母の天正 16 年 (1588) 五輪塔です（図表 48 参照）。両五輪塔とも総高は 160 ㎝以上です。

河野通直（1564 ～ 1588）の母は、中国地方の戦国大名の毛利元就《もうりもとなり》の重臣の宍戸隆家《ししどたかいえ》の娘です。この頃の河野氏は衰退して、周辺の有力戦国大名の大友氏・一条氏・長宗我部氏から苦しめられていましたが、毛利氏から援軍を得て、何とか自立を保っていました。

豊臣秀吉による四国攻めが始まると、一時は秀吉と対立しますが、小早川《こばやかわ》隆景《たかかげ》の勧めもあって降伏します。 通直は所領を没収され、戦国大名としての河野氏は滅亡します。通直は隆景の本拠地である竹原（広島県竹原市）で天正 15 年（1587 年）7 月 14 日に病死します。

高野山奥之院の河野通直の五輪塔は砂岩です。総高は、160.4 ㎝。銘文は正面に、

天正十五年巳亥、伊予国河野通直、月渓宗圓大居士

七月十四日

とあります。

この天正 15 年当時、大名としての河野氏は滅亡していて、これ程の五輪塔を誰が造立したのか問題となります。

この点については、河野通直の母の存在が重要になります。通直の五輪塔と並んで立つ通直の母の五輪塔は砂岩製で、総高は 169.2 ㎝。通直のものより１０㎝弱程全体に大きく造られていて、銘文は次のようにあります。

天正十六年戌子、予刕河野通直母儀、

天遊永壽逆修、四月二十六日

天遊永壽とは、河野通直の母の法名とわかります。

銘文の「逆修」により、河野通直の母は生前葬をして、高野山奥之院に五輪塔を造立したわけです。

河野通直の母は、前記の通り、毛利元就の重臣の宍戸隆家の娘でした。天正 15 年に河野通直は没しましたが、母は翌年の同 16 年に逆修をしていることから、生きていることになります。

通直の母は、実家である宍戸の支援があって、高野山に自身の逆修の五輪塔と先だった我が息子の供養塔を、子の 300 ヶ日の法要を前にして立てたものと推定します。

この母子の五輪塔を前にしますと、お家は滅亡して、我が子には先立たれた、子を想う母の切ない気持ちに心打たれます。大型の石塔を造立した理由は、その子を想う母の思いの表れではないかと考えます。

石田三成の五輪塔

次に注目されるのが、天正 18 年（1590）3 月 18 日造立の石田三成の五輪塔です。総高 260cm 以上と天正 18 年までの高野山奥之院の石塔の中では最大の大きさです（図表 49 参照）。

砂岩製で、銘文は、

　天正十八庚寅、宗應逆修、三月十八日

とあります。

【図表 49　石田三成五輪塔】

「宗應」の法名により、本五輪塔が三成のものとわかります。三成の生年は永禄 3 年（1560）とされていますので、逆算すると高野山に五輪塔を造立したときの三成の年齢は、30 歳時のものとなります。未だ壮年に入ったばかりの三成は、何と生前葬の逆修をしたのです。

さらに注目される事実として、この天正 18 年（1590）頃の三成の所領は 4 万石程しかありませんでした。財政的な面も含めて、30 歳という壮年時期にもかかわらず、これ程の大型の五輪塔を造立した詳しい理由はわかりませんが、石田三成の弘法大師信仰に厚かった一面を今に伝えているものと考えます。

三成は奥之院の御廟近くに母の菩提のために経蔵を建立して、高麗版の一切経を納めてもいます。

時代劇に出てくる三成は、少し小利口で生意気な感じがしますが、実は普段の服装はお坊さんの衣装の僧服を着用して、宗教家としての心静かな立ち振る舞いをしていたのではないかと想像をたくましくします。時代劇の時代考証をするなら、そのような、今までとは違う三成像を描いてみたいものです。

小早川隆景の五輪塔

小早川隆景は毛利元就の三男で、兄の吉川元春とともに毛利両川と言われて毛利本家を助けたことで有名な戦国武将です。

墓所は、広島県三原市米山寺・京都市大徳寺塔頭黄梅院・山口市泰雲寺・福岡県宗像市宗生寺がありますが、高野山には隆景が生前に造立した、天正16年（1588）の五輪塔があります（図表50参照）。

砂岩製で、高さ185cm。銘文は、

天正十六年、藝劦小早川、為泰岳紹安
隆景逆修、十一月十五日

とあります。

天正16年（1588）、隆景が逆修《ぎゃくしゅ》をして高野山に造立した五輪塔と知られます。「泰岳紹安」は隆景の法名とわかります。逆修とは、先にも紹介しましたが、生きているうちに自身の葬儀をすることです。

隆景が高野山に五輪塔を造立した天正16年は、九州征伐の翌年です。隆景は同年7月上洛して、秀吉から羽柴の名字と豊臣の本姓を与えられました。世情は安定して、隆景にとってはようやく訪れた和平で

【図表50　小早川隆景夫妻五輪塔】

（右が隆景、左が夫人）

した。隆景が逆修して高野山へと五輪塔を立てた理由も、そこにあったのではないかと推測します。

小早川隆景夫人問田大方

問田大方《といたのおおかた》は、小早川隆景の正室です。小早川氏の本家・沼田小早川家当主の小早川正平《まさひら》の娘として生まれます。

隆景は小早川家の家督を継ぐため、正平の娘と結婚します。二人の間に子供はできませんでしたが、隆景は側室を置かず、夫婦仲は睦まじいものであったとされています。

墓所は山口県山口市下小鯖鳴滝の泰雲寺にあります。高野山の問田大方の五輪塔は砂岩製です。隆景とともに逆修をして、造立した石塔です。隆景の五輪塔と同一タイプで、銘文は、

　天正十六年、藝刕小早川、為月渓信善女人

　御内方　逆修、十二月十五日

とあります。

注目されるのが、夫の隆景が逆修をした11月15日の一か月後の、12月15日に夫人の問田大方が逆修をしていることです。このことは、生前葬の逆修であっても、夫人が夫の葬儀をすることにこだわってのことと推測します。

隆景夫妻は大きな愛情で結ばれていたことを垣間見るようです。逆修とはいえ、夫を看取った後に自身も死亡したかたちをとったのです。

なお、隆景夫妻の両塔を計測すると、夫人の塔が数cmほど細部において僅かに小さいことがわかりました。これも、夫人が夫に遠慮してのことと察します。

淀殿・秀頼の五輪塔

慶長期に入りますと大型の五輪塔の造立が増えて、江戸時代の大型の大名墓造立の素地ができていく様子が伺えます。

豊臣秀頼と淀殿の二つの五輪塔は、総高300㎝にもなろうとする大型のもので、並んで立っています（図表51参照）。

【図表 51　淀殿・秀頼の五輪塔】

（右が淀殿、左が秀頼）

注目されるのが造立の年月日で、両塔とも慶長 20 年 5 月 7 日とあります。この日は、大坂城落城の日で、誰がこの 2 基の五輪塔を造立したのかが問題となります。

五輪塔に刻された銘文は両塔とも「御取次筑波山知足院」とあります。

銘文にある筑波山知足院の僧侶の光誉は、大坂冬の陣・夏の陣の時に徳川家康の陣にいて戦勝を祈願した陣僧とされています。豊臣家滅亡に臨んだ家康は、秀頼と淀殿の供養のために、その光誉に命じて高野山奥之院の地に、この両塔を造立したのではないでしょうか。

このように、高野山における石塔の中には、被供養者の縁者以外から立てたものなど、種々のケースが認められます。

大型五輪塔造立の時代

慶長期以降の江戸時代における五輪塔の造立は、大型の大名墓が先ず挙げられます。全国の大名家が高野山に五輪塔を立てています。

恩師の日野西眞定先生の研究によると、江戸時代後期の文化年中の藩の総数の 259 家と対比すると、高野山に造立するのは 109 家で、実に大名家全体の半数近くの 42％にもなることが指摘されています。

一番石のお江の五輪塔

中でも、二代将軍徳川秀忠の子の駿河大納言徳川忠長が、母お江《ごう》のために造立した五輪塔は、高野山で最大の大きさのもので、「一番石」と称されています（図表 52 参照）。

花崗岩製の五輪塔の総高は 490.2 ㎝、基壇の高さ 312.5 ㎝で、五輪塔と基壇をあわせた高さは 802.7 ㎝となります。基壇の下部面は、8 畳敷き程の

面積となっています。銘文は地輪正面に、

　　皆寛永四年丁卯九月十五日、
　　崇源院殿、一品太夫人、
　　昌誉大禅定尼、奉為先妣追善、
　　駿河大納言源忠長造立

とあります。

【図表52　お江五輪塔（一番石）】

銘文にあります寛永4年（1627）の同月同日の一年前にお江は亡くなっていますので、実母の一周忌に際して造立された五輪塔とわかります。兄の将軍徳川家光《いえみつ》ではなくて、弟の駿河大納言徳川忠長《ただなが》が本五輪塔を造立したことが、先ずは注目されます。

江戸幕府の公式記録の『徳川実紀《とくがわじっき》』によりますと、お江が亡くなったとき、忠長は兄家光と父秀忠とともに京都にいました。母の悲報を聞いた忠長は単身で江戸を目指したとあります。忠長の母思いを今に伝えていますが、この一番石を前にするとさらにその忠長の思いに偲ばされます。

地輪の背面にも、

　　奉行　天野傳右衛門尉藤原清宗、河合助之進藤原重俊
　　御宿坊大徳院住持宥雅、梵漢筆者大聖院長盛

と銘文があります。

五輪塔を造立するに際して取り仕切ったのが、天野傳右衛門尉藤原清宗と河合助之進藤原重俊の2名であったことと、宿坊が大徳院でその時の住職が宥雅で、五輪塔の梵字と銘文を記したのが大聖院の長盛と明記しています。また、基壇の背面にも、

　　下奉行　池谷源左衛門尉　赤澤治太夫　山田勘太郎
　　高原六左衛尉
　　石作　泉州黒田村甚左衛門

と銘文があります。

高野山に登山して実際の五輪塔造立の現場監督として、池谷など4名が派遣されたことと、本五輪塔を造った石大工が和泉国黒田村の甚左衛門と明

らかにしています。

黒田村とは今の現在の大阪府阪南市黒田です。黒田村周辺には江戸時代を通じて、同地域を本拠に全国で活躍した石工集団が多数存在しました。高野山の近世の大名墓の石大工も泉州と刻したものが、この他の石塔にも見られます。

ちなみに、お江が江戸の増上寺で火葬された時の点火の火が、高野山奥之院の火（おそらくは奥之院燈籠堂にある消えずの火）からの分火だったと、高野山側の史料「興山寺御年日繰出」に記されています。

このことから考えられるのは、お江が相当の弘法大師信者であったのではないか、ということです。本五輪塔の造立者の忠長は十分にそのことをわかっていて、これ程の一番大きい五輪塔を母の供養のために造立をしたのではないかと思います。母を想う子の一途な思いを巡らせます。

二番石の浅野長晟《あさのながあきら》夫人振姫《ふりひめ》の五輪塔

高野山で２番目に大きい石塔とされる、「二番石」と称される五輪塔は浅野長晟夫人の振姫のために造立されたものです。

浅野長晟は、浅野長政《ながまさ》から数えて浅野家三代目です。この五輪塔造立当時、長晟は和歌山城主三十七万石余を領していました。

振姫は、徳川家康の三女です。はじめ、豊臣秀吉の命により蒲生氏郷《がもううじさと》の嫡子の蒲生秀行《ひでゆき》に嫁ぎ、二男一女をもうけます。ところが、夫秀行が慶長17年（1612）に急逝した後に、父家康の命により元和元年（1615）振姫は浅野長晟と再婚することになりました。浅野家へ輿入れしたのが同２年（1616年）４月のことでした。

元和３年（1617）８月、振姫は長晟の次男の光晟《みつあきら》（後の浅野家４代目）を生みますが、その産後の16日後の８月29日に死去します。享年38歳でした。高齢での出産がその死の原因とされています。

振姫は和歌山城下の吹上寺で火葬され、金戒光明寺に葬むられ、後に広島の正清寺に回葬されます。後年に紀州を領した家康の十男の徳川頼宣《よりのぶ》は姉の菩提のために、城下の光恩寺に墓を建立します。

高野山の振姫の五輪塔は、花崗岩製で、法量は地輪の高さ137㎝、幅

153㎝です。正確な高さはまだ測っていませんが、お江の五輪塔に準ずる高さと思われます。銘文は地輪正面に、

大施主浅野但馬守長晟造立拵、御廉中之追善也

奉為正清院殿泰譽興安大禅定尼

出離生死頓證菩提、上達法身下及六道

旹元和三年丁巳八月二十九日

とあり、背面には、

梵漢筆者大□院□□、石之奉行竹腰七郎左衛門成正

登坂奉行生駒平兵衛長次、宿坊悉地院□□

供養奉行□□出羽守

戊午仲秋二十九日、石之指図□□

と刻されています。一部、未読の銘文があります。□でその箇所を表します。

五輪塔の正面銘文に刻された元和３年（1617）８月29日は、振姫の没年月日です。背面の「戊午仲秋二十九日」が供養された時を刻したもので、没後翌年の元和４年（1618）８月29日の振姫の一周忌に際して造立された五輪塔と解されます。仲秋は陰暦８月の異称です。

銘文に、「拵」（こしらえる）と刻するものは、高野山においては他に管見にありません。造立者である夫の浅野長晟が造立したことを強調しているのでは、と思います。

背面の銘文には、五輪塔造立の奉行に、石之奉行・登坂奉行・供養奉行と三者が存在したことを明らかにしています。他の大名墓についても、同様のケースがあったことも想像されますが、銘文にこれら三者を明記するものは他の大名墓ではありません。

その他、宿坊が悉地院であること。五輪塔に刻された梵字や銘文を書いた僧侶や、五輪塔そのものを設計した人物をも明らかにしています。この、五輪塔設計者を明記することは、他の五輪塔では見られません。

なお、五輪塔の大きさとともに、五輪塔が立つ墓域の広さと構造にも注目されます（図表53参照）。奥之院の参道に広く取られた敷地は、参道沿いの大名墓においては、最も広いものと考えます。

参道から１ｍ程盛り土をして正面に石段を数段造り、さらに１ｍ程の石

垣を造り出して石柵を立てて五輪塔を立てています。振姫に対する供養が大きかったことを、今に伝えています。

おそらく、これ程の大々的な五輪塔と墓域を造った訳は、徳川将軍家に対するデモンストレーションがあったのではないかと推測します。何と言いましても、徳川家康の娘の振姫です。高野山奥之院の参道沿いにわざと大きな墓域と五輪塔を造立したのではないでしょうか。

【図表 53　振姫五輪塔（二番石）】

また、合わせて高齢で跡取りを産んだ振姫の供養に、夫である浅野長晟の深い慈しみの想いもあったのではないかと思います。わずか、1 年半足らずの夫婦生活の 2 人でした。

三番石の前田利長の五輪塔

前田利長は、安土桃山時代から江戸時代初めの武将です。前田利家の嫡男で、母はまつ（芳春院）です。父利家とともに織田信長・豊臣秀吉に仕えました。

関ヶ原の戦では、東軍に属して居城周辺の西軍に与した諸城を落とし、戦後、加賀・越中・能登の北陸 3 か国の太守となります。石高は 102 万 5 千石で、国内最大の領主でした。

慶長 19 年（1614）5 月 20 日に没します。享年 53 歳でした。墓所は、富山県高岡市関本町の高岡山瑞龍寺、金沢市野田山墓地など数か所にあります。

高野山奥之院の前田利長の五輪塔は、花崗岩製で、奥之院の石塔の中では、三番石と称され、3 番目に大きい石塔とされています。

正確な総高は測っていませんが、地輪の高さ 101 ㎝、幅 105 ㎝です。三番石で間違いないと思います（図表 54 参照）。

銘文は地輪正面に、

大施主加賀國大守松平筑前守利光

為羽柴肥前守豊臣朝臣利長追薦

奉為瑞龍院殿前、

従三位黄門聖山英賢、

大居士一周忌抜苦與楽

御袋方芳春院殿依御勧如斯造立

旹慶長十九年甲寅五月廿日　敬白

とあります。同じく背面には、

此石者攝州御影村出也、時之奉行衆

揚抑院秀印　教印　教宣　善教

直野省助、梵漢之筆者大聖院長成

御宿坊南谷　悉地院従

権大僧都政恵誌晦

于時乙卯歳潤林鐘廿日建之

と刻します。

【図表 54　前田利長五輪塔（三番石）】

母の芳春院の勧めにより、利長の養嗣子の利光（後の利常。実は利家の四男で、利長とは異母弟）が造立した利長の五輪塔と知られます。

銘文には「豊臣朝臣利長」と本姓を豊臣と、徳川幕府の政権下でありながら明示しています。

背面銘文の「林鐘《りんしょう》」とは、陰暦 6 月の異称です。祥月命日の慶長 20 年（1615）5 月 20 日の 1 か月後に五輪塔を造立したことを明らかにしています。利長の一周忌の法要を済ませた後に造立したことを伝えています。

先ず注目されるのが、五輪塔の造立の奉行衆に、揚抑院の秀印・教印・教宣・善教の 4 名の僧侶を挙げていることです。このように僧侶を奉行とする事例は高野山奥之院では、他に類例がありません。

また、「此石者攝州御影村出也」と五輪塔の石材の産出地を明記するものも珍しくて特筆されます。「攝州御影村」とは、現在の兵庫県神戸市御影《みかげ》のことで、花崗岩の代名詞となっている、御影のから取った花崗岩であることを証明しています。これも、高野山奥之院の石塔の中では、管見ではこの 1 点だけです。

宿坊は悉地院で、五輪塔の梵字と銘文を記したのが、大聖院長成とこれも明記しています。

前田利長夫人永姫《えいひめ》の五輪塔

【図表55　前田利長夫人永姫五輪塔】

永姫は前田利長の正室で、織田信長の娘でした。7歳で利長に嫁します。

夫利長との仲はとても良かったとされますが、後継ぎを産むことはできませんでした。

元和9年（1623）2月24日に没します。享年50歳でした。墓所は、金沢市野田山墓地、金沢市玉泉寺にあります。

高野山の永姫の五輪塔は花崗岩製で、法量は、地輪の高さ60㎝、幅68㎝です（図表55参照）。

銘文は地輪正面に、

　大施主羽柴肥前守殿御簾中、
　奉為玉泉院松巖
　永壽大姉逆修也、元和二年丙辰二月十五日

とあります。

永姫は慶長19年（1614）に利長が死去すると、金沢に戻って剃髪して、玉泉院と号したとされていますが、この高野山奥之院の五輪塔の銘文により、実際は利長の没後の三回忌の元和2年（1616）5月20日を前にして、その直前に永姫は逆修をして玉泉院と号したことがわかります。

五輪塔造立の月日は、2月15日です。この日は、お釈迦様が入滅した日とされている、涅槃会《ねはんえ》の日です。永姫は、この良き日を選んで、夫利長の元に行くべく、生前葬の逆修をしたのです。

五輪塔は、前田利長と参道を挟んで向かい合っています。このような事例も高野山奥之院では他に事例がありません。

前田利長・永姫夫婦の仲の良さを今に伝えているものと考えます。

②　五輪卒塔婆（町石）

五輪卒都婆《ごりんそとば》とは

五輪卒都婆とは、方柱状の石柱の上に五輪塔をつけた形態のものをいいます。この形態の遺物は全国的に少なく、珍しい形態の石塔です。ところが、高野山では町石《ちょういし》がこの五輪卒都婆の形態をとっていて、高野町内では、よく目にすることができる石塔です。

曼荼羅《まんだら》世界を示す石塔

高野山の町石は、高野山登山の入口である九度山町慈尊院から高野山上の根本大塔までの 180 町の一町（約 110 m）ごとと、根本大塔から奥の院の御廟までの 36 町の一町ごとの、都合 216 基が造立されています。

慈尊院から根本大塔までの 180 町石が胎蔵界《たいぞうかい》の 180 尊を、根本大塔から御廟までの 36 町石が金剛界《こんごうかい》の 37 尊の仏たちを各々の町石が示しています。

ただ、金剛界の 36 町の一町の距離は 80 m程と縮小したものとなっています。金剛界を表記するためにわざと距離を短くしているわけです。

金剛界は 37 尊であり 1 尊足りませんが、高野山独自の数え方があり、37 番目は 36 町全体をさらに 1 つと数えて都合 37 とします。

【図表 56　町石ごとに念誦しながら高野山登山をする後宇多上皇（『野山名霊集』）】

この胎蔵界・金剛界とは、密教でいう曼荼羅世界をあらわしたものです。

それぞれの町石により、仏をあらわす梵字が違うことになります

このことは、町石は仏様そのものであり、町石の造立者はいわば石造の仏を造立したことになります。そのことをわかっていて町石の一尊ごとに念誦しながら高野山登山をしたのが、後宇多上皇でした（図表56参照）。

さらに、その町石が造立された高野山へと導かれる登山道は今日、町石道《ちょういしみち》と称されていますが、それは単なる登山道ではなく、道そのものが既に聖地高野山の一部であったことが指摘されるわけです。

高野山蓮華曼荼羅《こうやさんれんげまんだら》の世界

そのことを図で示したものが、「高野山蓮華曼荼羅」（日野西眞定先生が命名）です。高野山の絵図の一つで、高野山全体を一つの蓮華で表現しています。

慈尊院は蓮華の葉で、そこから高野山上までの町石道を１本の茎で表現して、高野山上の中心部を八葉の蓮華の花とし、奥之院までの町石道を茎として、奥之院を三弁の蓮華の花としています（図表57参照）。

高野山が参詣道を含めた広い範囲を曼荼羅として一体化しています。

【図表57　高野山蓮華曼荼羅（山口耕榮師蔵）】

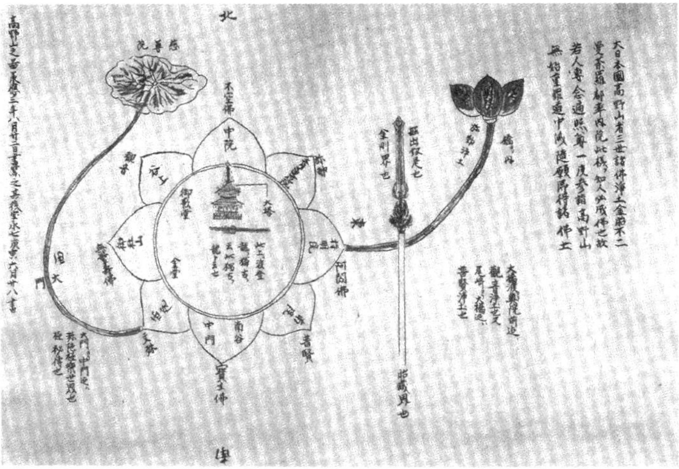

高野山町石の構造

町石の石材は花崗岩製です。

法量は、地輪部分から地面までの方柱状部分は高さ 180 ㎝程、幅と奥行は 30 ㎝四方程。五輪塔部分の水輪から空輪までの高さは 100 ㎝程で、総高は 300 ㎝程の大型の石塔です。

【図表58　町石から出土した経石】

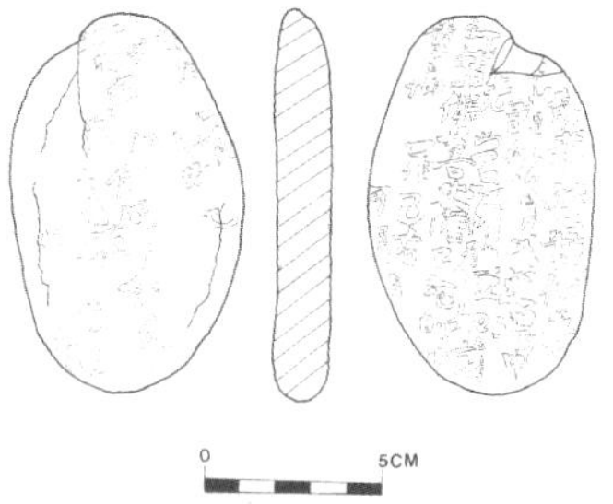

（『国指定史跡　高野山町石保存修理報告書』）

地中に埋め込まれている町石の根部も 100 ㎝程あって、総高と合わせると 400 ㎝になろうとする町石は一石で造られた、一石彫成の五輪卒都婆です。

五輪塔の各輪には正面に、下から五輪塔の梵字の「ア」「バ」「ラ」「カ」「キャ」があり、その五輪塔部分の下の方柱状の石柱の正面に仏をあらわす梵字を大きく刻します（図表 59 参照）。

町石の中には、五輪塔部分と方柱状部分を区別する線を刻するものもあります。五輪塔をいただいた形式ということになります。

【図表 59　高野山町石】

（安達泰盛造立の奥之院側 22 町石）

タイプ分類できる高野山町石

この高野山の町石について、さらに詳細に調査すると、二つのタイプに分類されます。

それが、前記の五輪塔の項目で紹介した、鎌倉時代の五輪塔にみられる噛合せ五輪塔と通常の形態の五輪塔の 2 種で、町石においても同様に、噛合せ五輪塔をいただいた町石と、通常の五輪塔をいただいた町石の 2 種が確認されます。

これにより、町石を造った石大工は、噛合せ五輪塔の町石を造る者と、通常の五輪塔を造る者の 2 系統の石大工が存在したことが推定されます。今日に残る高野山における噛合せ五輪塔の遺物は、町石のものが五輪塔より先行しますので、町石を造った石大工の系統に、五輪塔を造った石大工があることが指摘され、町石を造った石大工と五輪塔を造った石大工は同一か、あるいは同一系統の石大工の手により五輪塔は製作されたものと推定します。

町石の銘文がある場所

その町石を造立した施主の名はその正面の諸尊の梵字の下に刻されるケースがほとんどです。造立の年を刻する場所は、左右のいずれかの側面となります。銘文は、正面と左右の側面に刻されていますが、一部、長文にわたる銘文の場合にだけ背面にも刻するものがあります。

町石の表面のたたきの手法は、正面と左右面の３面はきれいに彫成していますが、背面については若干ですが荒く仕上げています。背面は見えない死角部分ですので、加工するに際して簡素化したことがうかがえます。

町石の勧進

この高野山の町石は、鎌倉時代の文永２年（1265）に高野山遍照光院の覚斅《かくきょう》が、それまでの木製のものが朽ち損じていたのを憂い石造にすることを発願して、全国を勧進して再興したものです。

この文永２年（1265）という年は、空海が高野山を開いて 450 年目にあたる記念すべき年でした。覚斅《かくきょう》はそのこともわかった上で、町石造立のための勧進の旅に出たことが指摘されます。町石は、文永３年（1266）から造立されていき、町石完成の開眼法要が営まれたのは弘安８年（1285）のことでした。実に 20 年間にかけて高野山の町石はできました。

町石関係史料

高野山文書（続宝簡集 29）の中に、この町石開眼法要時の関係文書である、「石町率都婆供養請定」「石町率都婆供養役人注文」「石町率都婆供養十弟子請定」が残っています。

また、後述の「町石供養願文」にも町石のことを「石町率都婆」と明記します。これにより鎌倉時代の造立当時、町石《ちょういし》は「石《いし》の町率都婆《ちょうそとば》」と称したことがわかります。

町石の読みについては、石造物を石造美術としてはじめて体系的に調査研究された故川勝政太郎博士は「ちょうせき」と訓まれましたが、後年になると「ちょういし」と訂正されています。町《ちょう》は音読みで、石《いし》は訓読みであり、本来であればいずれかの読みで統一すべきであり、音読みと訓読みがまざった特殊な読みとなっている理由は、実は古い読みのままで今に伝えていることが、上記の史料により読み取れます。

高野山町石の位置づけ

町石としては高野山より先に、寛元３年（1245）の和歌山県田辺市中辺路町熊野古道の笠塔婆、宝治元年（1247）の大阪府箕面市勝尾寺の五輪卒都婆、建長５年（1253）の三重県伊賀上野市の補陀落廃寺の自然石板碑が先行してあります。

それで、高野山の町石は古さでは全国で４番目のものなのですが、その216基もの町石の規模の大きさと、町石そのものの大きさからは高野山のものが第一で、最大規模といえます。

町石のスポンサー（施主）たち

町石の造立のスポンサーとなった施主は、この鎌倉時代中頃当時の有力者の名が認められます。

鎌倉幕府の有力者の北条一族では、時の執権北条時宗をはじめ、北条政村・北条宗政・北条時茂・北条業時・北条義宗・北条義政・北条盛房・北条時盛・北条時広・名越篤時・名越時基など。

幕府の有力御家人では、安達泰盛・安達時盛・安達顕盛・宇都宮景綱・宇都宮資信・二階堂行有・二階堂行清・二階堂行綱・大江時秀・大江忠成・佐々木氏信・佐々木正義・佐々木行綱・三善康有・諏訪盛経・小山時長・足利家時・大友頼泰・河越経重・加藤景経・小弐景頼・小弐経資・平頼綱など。

朝廷や有力貴族では、後嵯峨上皇・権大納言藤原資季・権大納言二条為氏・少納言藤原知継・左衛門尉藤原景俊などです。

高野山の僧侶の中でも、頼賢・覚伝・興実・慶賢・明澄の名が町石の施主としてみられます。

特に、上記の面々の中で最も多くの町石の施主となったのが安達泰盛で、5基の町石を造立しています（図表59参照）。次いで、後嵯峨上皇が4基、北条時宗が3基と続き、2基造立者は北条政村・北条義宗・北条宗政・佐々木氏信・大江時秀・藤原資季などです。

安達泰盛は、当時の鎌倉幕府で最も力を有した有力御家人でした。安達氏初代の盛長《もりなが》は源頼朝に仕え、2代目の景盛《かげもり》は、北条政子の命により頼朝・頼家・実朝の源氏三代の供養のために高野山に金剛三昧院《こんごうさんまいいん》を建立しました。景盛は出家して大蓮房覚智《だいれんぼうかくち》と名乗り、高野入道と称して高野山で没したといわれています。

景盛の孫が泰盛《やすもり》です。このように安達氏と高野山は関係が深く、安達泰盛は町石だけでなく、高野山における典籍の出版事業（高野版《こうやばん》といいます）に際しても施主としてその名を明記しています。

庶民も町石造立に関わる

さらに、高野山の町石の施主で特筆されるのが、財力のある特権階級の人だけに限ってない、ということです。

それが、「十方施主」「十方檀那」と銘文がある町石です。

十方とは、東・西・南・北の四方と、北東・南・南西・北西の四隅と、上・下で、あらゆる場所と方角を示す言葉です。それで、十方施主（檀那）とは不特定多数の人々の寄付をした多くの人々の施主により造立した町石という意味になります。

町石の造立を発願した覚斅《かくきょう》は、広く全国津々浦々の様々な人たちにも、町石造立の寄進を呼びかけた様子が伺えます。覚斅は、町石の造立に際して一部の権力者だけに施主を独占させなかった、という意図も汲み取ることができます。そのために20年という歳月が必要だったものと推測します。

【図表60　十方施主の町石】

（慈尊院側30町石）

その一般の、名も無い庶民たちの造立にかかる町石は、30町石（十方施主）・121町石（十方施主）・122町石（十方施主）・123町石（十方檀那）・125町石（十方施主）・162町（十方檀那）の6基で、どれも慈尊院側の町石です（図表60参照）。どの町石も年号はなく、造立した目的も明記されていません。正面の方柱状部分に「十方施主（檀那）」と大きく刻されているだけです。

里石の存在

また、高野山の町石において注目されることがあります。それが町石とは別に町石と同一タイプをした五輪卒都婆形の里石が36町ごとに造立されていることです。

元は、全部で5基の里石がありましたが、今日残っているのは4基です。142町石付近に1里石、108町石付近に2里石、72町石付近に3里石、36町石付近に4里石で、5里石がなくなっています。

この、今は亡失する5里石は、江戸時代の明和8年（1771）の高野山町石関係史料である『町石見分覚《ちょういしけんぶんおぼえ》』によりますと、奥之院側町石の1町石と2町石の間に造立されていて、「弘安三年」の紀年があったと明記しています。

特記されることは、高野山の町石は石造物としての貴重さはもちろんのこと、我が国交通史研究上も極めて貴重な遺物、ということです。

なぜなら、このことにより1里36町の制度が、高野山の町石が造立された鎌倉時代中頃には既にあったことを示しているからです。この制度を確認できるものでは、この高野山の町石が最古の実例なのです。

時代は下って、江戸時代の徳川幕府は36町を1里と定めましたが、それまでは各地方によりまちまちであり、それでも徹底はされませんでした。ようやく、明治2年（1869）に明治政府は36町を1里と定めて全国的な統一となります。

町石の全貌

高野山の町石は、九度山町・かつらぎ町・高野町の三つの町にまたがっています。それらを一表にすると、図表61のようになります。

【図表61　高野山町石一覧】　180町〜1町（胎蔵界）

町石	時代（年号・西暦）	造立者	目的	場所	備考
180町	鎌倉時代（文永9・1272）	関白九条道家の子供の勝信	師匠の聖基のため	九度山町	
179町	鎌倉時代（文永6・1269）	六波羅探題の北条時茂	——	九度山町	
178町	鎌倉時代（文永6・1269）	高野山金剛院の明澄	——	九度山町	
177町	鎌倉時代	高野山金剛三昧院の慶賢	——	九度山町	
176町	鎌倉時代	左衛門尉藤原道広など10名	——	九度山町	
175町	鎌倉時代	比丘尼成阿	貞伝の３回忌	九度山町	
174町	鎌倉時代	法印権大僧都真依	——	九度山町	
173町	鎌倉時代	宇都宮資信	実宗のため	九度山町	
172町	鎌倉時代	高野山安養院の頼賢	——	九度山町	
171町	鎌倉時代	蓮阿弥陀仏など３名	——	九度山町	
170町	鎌倉時代	左衛門尉大江為氏と沙弥西願	亡き父母のため	九度山町	
169町	鎌倉時代	坂上宗澄など９名	——	九度山町	
168町	鎌倉時代	比丘尼正智	——	九度山町	
167町	鎌倉時代（文永7・1270）	阿闍梨能瑛	一切衆生ため	九度山町	
166町	鎌倉時代	法如など５名の女性と 円仏など２名の男性	——	九度山町	
165町	鎌倉時代	高野山検校の興実と晴観	——	九度山町	
164町	鎌倉時代	肥田清口左衛門入道増善	父母と祖父母のため	九度山町	
163町	鎌倉時代（文永8・1271）	弁海	高野山検校真弁と父母のため	かつらぎ町	
162町	鎌倉時代	十方檀那	——	かつらぎ町	
161町	鎌倉時代（文永３・1266）	——	良印のため	かつらぎ町	
160町	鎌倉時代	範勇	師匠の龍遍のため	かつらぎ町	
159町	鎌倉時代（文永9・1272）	安達泰盛	二月騒動犠牲者	かつらぎ町	
158町	鎌倉時代（文永9・1272）	安達泰盛	二月騒動犠牲者	かつらぎ町	
157町	鎌倉時代	生蓮など８名	父・母・兄・弟・妻・子のため	かつらぎ町	五輪塔後補
156町	大正時代（大正２・1913）	鶴田など３名（福田海）	——	かつらぎ町	
155町	鎌倉時代	道窓	——	かつらぎ町	嚙合せ五輪塔
154町	大正時代（大正２・1913）	広島（福田海）	——	かつらぎ町	鎌倉時代の残欠あり。 「沙弥行口」と銘文あり
153町	鎌倉時代	富永資道	——	かつらぎ町	
152町	鎌倉時代	丹治宗泰	——	かつらぎ町	
151町	鎌倉時代	了空（鎌倉二品禅尼）	——	かつらぎ町	
150町	大正時代（大正２・1913）	伊與田など２名（福田海）	——	かつらぎ町	鎌倉時代の残欠あり。 「三善為忠」と銘文あり
149町	大正時代（大正２・1913）	福井など２名（福田海）	——	かつらぎ町	鎌倉時代の残欠あり。復元する。 「沙弥定円」と銘文あり
148町	鎌倉時代（文永9・1272）	少将藤原俊盛	——	かつらぎ町	
147町	鎌倉時代	中納言久我道嗣の子供の道賢	——	九度山町	嚙合せ五輪塔
146町	鎌倉時代（文永10・1273）	法印房宣	摂政九条道家の子供の円実のため	九度山町	
145町	鎌倉時代	応阿と秋葉平六入道２名	——	九度山町	五輪塔後補
144町	鎌倉時代	順円などの５名	一切衆生ため	かつらぎ町	五輪塔後補
143町	鎌倉時代	行覚	——	かつらぎ町	嚙合せ五輪塔
142町	大正時代（大正２・1913）	大江（福田海）	——	かつらぎ町	鎌倉時代の残欠あり。 「当山三宝院良珍」などの銘文あり
141町	鎌倉時代（文永8・1271）	——	和泉守工藤祐能のため	かつらぎ町	五輪塔後補
140町	大正時代（大正２・1913）	中西（福田海）	——	かつらぎ町	
139町	鎌倉時代（文永８・1271）	平頼康	——	かつらぎ町	
138町	大正時代（大正２・1913）	古川（福田海）	——	かつらぎ町	鎌倉時代の残欠あり。 「左衛門」の銘文あり
137町	大正時代（大正２・1913）	山下（福田海）	——	かつらぎ町	
136町	鎌倉時代（文永6・1269）	宝道	——	かつらぎ町	

135町	鎌倉時代(文永8・1271)	寒河三郎左衛門尉秀村	——	かつらぎ町	
134町	鎌倉時代(文永4・1267)	真行(松下禅尼)	母のため	かつらぎ町	
133町	鎌倉時代(文永4・1267)	真行(松下禅尼)	檜皮姫のため	かつらぎ町	
132町	鎌倉時代(文永7・1270)	引付衆の北条盛房	——	かつらぎ町	五輪塔後補
131町	大正時代(大正2・1913)	打田など2名(福田海)	——	かつらぎ町	
130町	鎌倉時代(文永9・1272)	平頼綱	——	かつらぎ町	
129町	鎌倉時代	平頼綱	——	かつらぎ町	
128町	鎌倉時代	行仏など3名	——	かつらぎ町	噛合せ五輪塔
127町	鎌倉時代	藤原景俊と三善康有の2名	——	かつらぎ町	
126町	鎌倉時代	池田忠能など2名	——	かつらぎ町	
125町	鎌倉時代	十方施主	——	かつらぎ町	
124町	鎌倉時代	大中臣清義	——	かつらぎ町	
123町	鎌倉時代	十方檀那	——	かつらぎ町	
122町	鎌倉時代	十方施主	——	かつらぎ町	
121町	鎌倉時代	十方施主	——	かつらぎ町	
120町	鎌倉時代(文永7・1270)	権大納言藤原資季	父母のため	九度山町	
119町	鎌倉時代	信応など12名	——	九度山町	
118町	大正時代(大正2・1913)	小西(福田海)	執権北条経時 の子供の頼助が父のため	九度山町	鎌倉時代の残欠あり。「平経時、 印権大僧都頼助四月一日」銘文あり
117町	大正時代(大正2・1913)	(福田海)	——	九度山町	鎌倉時代の残欠あり。 「入道善」と銘文あり
116町	鎌倉時代(文永11・1274)	比丘尼貢観	中務権少輔藤原重教のため	九度山町	噛合せ五輪塔
115町	鎌倉時代(文永11・1274)	沙弥寂妙	主君と父母ため	かつらぎ町	
114町	鎌倉時代(文永9・1272)	法印祐賢	師匠の隆賢のため	かつらぎ町	噛合せ五輪塔
113町	鎌倉時代	法印祐賢	父のため	かつらぎ町	
112町	鎌倉時代	法印祐賢	母のため	かつらぎ町	
111町	鎌倉時代(文永9・1272)	河越経重	——	かつらぎ町	
110町	鎌倉時代	右衛門尉泰宣など4名	——	かつらぎ町	
109町	鎌倉時代(文永5・1268)	連署の北条義政	——	かつらぎ町	噛合せ五輪塔
108町	鎌倉時代	侍従藤原為顕の子供の空恵	——	九度山町	
107町	鎌倉時代(文永9・1272)	従三位藤原盛季の子供の聖勝	母のため	九度山町	
106町	鎌倉時代(文永10・1273)	比丘尼慈観と沙弥明智	比丘尼定智の百か日	かつらぎ町	
105町	鎌倉時代(文永11・1274)	沙弥定智	亡き母の三回忌	かつらぎ町	
104町	鎌倉時代(文永9・1272)	加藤景経	——	かつらぎ町	五輪塔後補
103町	鎌倉時代	比丘尼の佛念と佛阿	10人の故人のため	かつらぎ町	噛合せ五輪塔
102町	鎌倉時代	沙弥某	——	かつらぎ町	噛合せ五輪塔
101町	鎌倉時代(文永5・1268)	比丘尼慈阿	——	かつらぎ町	噛合せ五輪塔
100町	鎌倉時代	高階経常	——	かつらぎ町	
99町	鎌倉時代	伯耆守藤原基貞の妻の覚如	入道惟方と春宮大進仲房のため	かつらぎ町	噛合せ五輪塔
98町	鎌倉時代	比丘尼聖妙	——	かつらぎ町	五輪塔後補
97町	鎌倉時代	少弐景頼	——	かつらぎ町	五輪塔後補
96町	鎌倉時代	遠州の高薗惟氏など3名	——	かつらぎ町	噛合せ五輪塔
95町	鎌倉時代(文永9・1272)	伊豆国の肥田新左衛門入道引仏	——	九度山町	噛合せ五輪塔
94町	鎌倉時代	山田左衛門入道西仙	父母と比丘尼信阿のため	九度山町	噛合せ五輪塔
93町	鎌倉時代(文永5・1268)	二階堂行清	——	九度山町	噛合せ五輪塔
92町	鎌倉時代	名越篤時	父名越時章のため	九度山町	噛合せ五輪塔

91町	鎌倉時代	島津久清	――	九度山町	噛合せ五輪塔
90町	鎌倉時代	評定衆の北条時広	――	高野町	噛合せ五輪塔
89町	鎌倉時代（文永8・1271）	比丘尼唯妙	――	高野町	
88町	鎌倉時代	設楽右衛門四郎實久	――	高野町	
87町	鎌倉時代	佐々木行綱など３名	三悪道からのがれて安楽国に生まれるため	九度山町	噛合せ五輪塔
86町	鎌倉時代（文永8・1271）	少納言藤原知継	――	九度山町	噛合せ五輪塔
85町	鎌倉時代	二階堂行有	――	高野町	
84町	鎌倉時代	比丘尼浄阿	――	高野町	噛合せ五輪塔
83町	鎌倉時代	沙弥行仁	――	高野町	五輪塔後補
82町	鎌倉時代	小山時長	――	高野町	噛合せ五輪塔
81町	鎌倉時代	安達頭盛	――	高野町	
80町	鎌倉時代	榎本光義	――	高野町	噛合せ五輪塔
79町	鎌倉時代	少弐景頼	――	高野町	
78町	鎌倉時代	沙弥宗祐	――	高野町	
77町	鎌倉時代（文永5・1268）	足利家時	――	高野町	五輪塔後補
76町	鎌倉時代	名越時基	――	高野町	
75町	鎌倉時代	大江時秀	――	高野町	
74町	鎌倉時代（文永5・1268）	大江時秀	――	高野町	
73町	鎌倉時代	比丘尼妙然など３名	――	高野町	五輪塔後補
72町	大正時代（大正2・1913）	合田（福田海）	――	高野町	左側面に「文永7年」と鎌倉時代の町石の銘文を記す
71町	鎌倉時代	比丘尼蓮阿	少弐景頼のため	高野町	
70町	大正時代（大正2・1913）	前谷（福田海）	――	高野町	
69町	鎌倉時代	沙弥蓮定	――	高野町	噛合せ五輪塔
68町	鎌倉時代	藤原氏の女	――	高野町	
67町	鎌倉時代	比丘尼浄勝	――	高野町	噛合せ五輪塔
66町	鎌倉時代	比丘尼如生	――	高野町	
65町	鎌倉時代	藤原清泰	――	高野町	
64町	鎌倉時代	権大納言二条為氏	――	高野町	
63町	大正時代（大正2・1913）	藤田（福田海）	――	高野町	鎌倉時代の残欠あり
62町	鎌倉時代（文永5・1268）	連署の北条業時	――	高野町	
61町	鎌倉時代	沙弥慈仁	比丘尼我真と全ての人々のため	高野町	
60町	鎌倉時代（文永7・1270）	阿闍梨寛口	――	高野町	
59町	鎌倉時代	実相院僧衆と沙弥能念など４名	――	高野町	
58町	鎌倉時代	僧定弁など６名	――	高野町	
57町	鎌倉時代	比丘尼聖阿など３名	――	高野町	
56町	鎌倉時代	源氏の女	――	高野町	五輪塔後補
55町	鎌倉時代	諏訪盛経と山鹿成時の２名	――	高野町	
54町	鎌倉時代	沙弥親元	――	高野町	
53町	鎌倉時代	佐々木氏信	――	高野町	昭和35年（1960）再興の町石も造立。五輪塔後補
52町	鎌倉時代	佐々木氏信	――	高野町	
51町	鎌倉時代	二階堂行綱	――	高野町	
50町	鎌倉時代	比丘尼妙然	――	高野町	
49町	鎌倉時代	安達時盛	――	高野町	
48町	鎌倉時代	藤原氏の女	――	高野町	五輪塔後補

47町	鎌倉時代	六波羅探題の北条時盛	――	高野町	
46町	鎌倉時代	大友頼泰	――	高野町	
45町	鎌倉時代	宇都宮景綱	――	高野町	
44町	鎌倉時代（文永8・1271）	沙弥蓮願と茲野氏の女	――	高野町	大正2（1913）再興の町石も造立
43町	鎌倉時代（文永5・1268）	前上野介藤原広綱	――	高野町	
42町	鎌倉時代	評定衆の北条宗政	――	高野町	
41町	鎌倉時代	評定衆の北条宗政	――	高野町	
40町	鎌倉時代（文永7・1270）	少弐経資	――	高野町	
39町	鎌倉時代	比丘尼如願	――	高野町	五輪塔後補
38町	鎌倉時代	平氏の女	――	高野町	
37町	鎌倉時代	比丘尼専観	――	高野町	
36町	鎌倉時代	平氏の女	――	高野町	
35町	鎌倉時代	池田奉道と尾塞兵衛入道	――	高野町	
34町	鎌倉時代	源氏の女	――	高野町	五輪塔後補
33町	鎌倉時代	沙弥道親など３名	――	高野町	
32町	鎌倉時代（弘安4・1281）	比丘尼了證	――	高野町	五輪塔後補
31町	鎌倉時代	比丘尼妙蓮など７名	――	高野町	
30町	鎌倉時代	十方施主	――	高野町	五輪塔後補
29町	鎌倉時代	比丘尼某	――	高野町	
28町	鎌倉時代	和気経成	父母と祖母のため	高野町	
27町	鎌倉時代	左衛門尉藤原長綱と塩谷周防四郎泰朝	――	高野町	
26町	鎌倉時代（文永5・1268）	六波羅探題の北条義宗	――	高野町	
25町	鎌倉時代（文永5・1268）	六波羅探題の北条義宗	――	高野町	
24町	大正時代（大正2・1913）	若林（福田海）	――	高野町	
23町	鎌倉時代	藤原氏の女	――	高野町	
22町	大正時代（大正2・1913）	満喜尼（福田海）	――	高野町	
21町	鎌倉時代（文永7・1270）	大法師能心	主君の聖霊のため	高野町	
20町	鎌倉時代（文永7・1270）	大法師良猷	主君の聖霊のため	高野町	
19町	鎌倉時代（文永7・1270）	藤原兼季の子供の覚済	師匠の勝尊のため	高野町	
18町	鎌倉時代（文永7・1270）	西園寺公基の子供の実宝	――	高野町	
17町	鎌倉時代（文永7・1270）	右衛門尉草部利弘	父母と養父母と比丘尼観阿	高野町	五輪塔後補
16町	鎌倉時代	高野山金剛三昧院の四十八巻一結衆等	――	高野町	
15町	鎌倉時代	高野山安養院の僧衆	――	高野町	五輪塔後補
14町	鎌倉時代	高野山金剛三昧院の僧衆	――	高野町	
13町	鎌倉時代	比丘尼如阿	沙弥徳蓮と比丘法如のため	高野町	
12町	鎌倉時代（文永5・1268）	安達泰盛	父安達義景のため	高野町	
11町	大正時代（大正2・1913）	長谷川（福田海）	――	高野町	
10町	鎌倉時代	執権の北条時宗	――	高野町	
9町	鎌倉時代	佐々木正義	父母と比丘尼唯仏のため	高野町	
8町	鎌倉時代（文永5・1268）	了空（鎌倉二品禅尼）	――	高野町	五輪塔後補
7町	鎌倉時代	法橋長禅などの10名	――	高野町	五輪塔後補
6町	江戸時代（安永2・1773）	総法務一品親王（深仁入道親王）	――	高野町	鎌倉時代の残欠あり
5町	大正時代（大正2・1913）	伊藤（福田海）	――	高野町	鎌倉時代の残欠あり。「相模守　平朝臣政村」と鎌倉時代の町石の銘文を刻す
4町	江戸時代（安永6・1777）	後藤久邦と荊婦喜代の２名	――	高野町	鎌倉時代の造立者は、北条政村

3町	江戸時代（安永7・1778）	桂香院	——	高野町	鎌倉時代の造立者は、西園寺実氏の子供の道勝
2町	江戸時代（安永2・1773）	新女院（恭礼門院藤原富子）	——	高野町	鎌倉時代の造立者は、北条時宗
1町	江戸時代（安永2・1773）	女院大后（青綺門院藤原舎子）	——	高野町	鎌倉時代の造立者は、北条時宗

根本大塔から奥の院御廟までの１町石～36町石（金剛界）

町石	時代（年号・西暦）	造立者	目的	場所	備考
1町	大正時代（大正2・1913）	大江（福田海）	——	高野町	
2町	江戸時代（安永2・1773）	仙洞院御所（後桜町上皇）	——	高野町	鎌倉時代の造立者の「太上天皇」（後嵯峨上皇）を刻す
3町	江戸時代（安永2・1773）	仙洞院御所（後桜町上皇）	——	高野町	鎌倉時代の造立者の「太上天皇」（後嵯峨上皇）を刻す
4町	大正時代（大正2・1913）	福田海	——	高野町	鎌倉時代の造立者の「太上天皇」（後嵯峨上皇）を刻す
5町	江戸時代（明和8・1771）	津田正躬	——	高野町	
6町	大正時代（大正2・1913）	馬越（福田海）	——	高野町	
7町	江戸時代（安永3・1774）	岩城宗明	——	高野町	
8町	大正時代（大正2・1913）	入江（福田海）	——	高野町	
9町	大正時代（大正2・1913）	藤屋（福田海）	——	高野町	
10町	大正時代（大正2・1913）	吉原（福田海）	——	高野町	
11町	大正時代（大正2・1913）	高濱（福田海）	——	高野町	
12町	江戸時代（明和8・1771）	寿光院仙誉妙照大師	——	高野町	鎌倉時代の造立者の「藤原氏女」を刻す
13町	大正時代（大正2・1913）	中西（福田海）	——	高野町	鎌倉時代の造立者の「比丘尼覚如」（伯耆守藤原基貞の妻）を刻す
14町	江戸時代（明和8・1771）	岩城	——	高野町	鎌倉時代の造立者の「平氏女常子、平氏女住子」を刻す
15町	江戸時代（明和7・1770）	野田親宣	——	高野町	鎌倉時代の造立者の「阿闍梨玄性」を刻す
16町	江戸時代（明和7・1770）	等我	——	高野町	「夫当山之町卒都婆者金胎諸尊…」と長文の銘文を刻す
17町	鎌倉時代	真行（松下禅尼）	北条時氏のため	高野町	
18町	鎌倉時代（文永4・1267）	沙弥貞阿と比丘尼偏戒の２名	——	高野町	
19町	江戸時代（安永6・1777）	後藤久邦	信解院と円光院の菩提のため	高野町	鎌倉時代の残欠あり。「比丘尼了空」（鎌倉二品禅尼）「沙弥成仏」の銘文を刻す。江戸時代の町石とは反対側の道に立つ
20町	鎌倉時代（文永4・1267）	高野山検校の覚伝	「四恩法界平等利益」のため	高野町	
21町	鎌倉時代	源家康など３名	沙弥託蓮のため	高野町	
22町	鎌倉時代（文永5・1268）	安達泰盛	祖父安達景盛のため	高野町	
23町	鎌倉時代（文永3・1266）	大江忠成	——	高野町	
24町	鎌倉時代	比丘尼信阿など13名	——	高野町	
25町	鎌倉時代（文永5・1268）	安達泰盛	曽祖父安達盛長のため	高野町	五輪塔後補
26町	鎌倉時代	権大納言藤原資季	——	高野町	
27町	鎌倉時代	芳賀伊賀守高直	——	高野町	
28町	鎌倉時代	比丘尼智阿など２名	——	高野町	
29町	鎌倉時代	藤原氏の女など12名	——	高野町	噛合せ五輪塔
30町	鎌倉時代	比丘尼誓真	——	高野町	五輪塔後補
31町	鎌倉時代	比丘尼唯心	——	高野町	
32町	江戸時代（寛政3・1791）	仰誉宗信など２名	先祖代々諸霊などのため	高野町	
33町	安土桃山時代（天正18・1590）	木食応其上人	「自他法界平等利益」のため	高野町	高野町石中、唯一の砂岩製
34町	鎌倉時代	比丘尼能仏	覚智のため	高野町	
35町	鎌倉時代（文永3・1266）	比丘尼意阿	——	高野町	
36町	鎌倉時代（文永4・1267）	太上天皇（後嵯峨上皇）	——	高野町	

この216基中、鎌倉時代の造立当初のものが172基と多くを残しています。高野山内では奥之院は別として鎌倉時代の造立当時のものはなく、全てが後年に再興されたものばかりです。

それは、花崗岩は火に弱く、高野山内は雷による火事が原因で度重なる火災にみまわれていて、その際に破壊された結果と考えられます。

再興され続けた町石

最初に再興された町石は、天正18年（1590）のもので、豊臣秀吉に「高野の木食でなく、木食の高野」とまで言わせた木食応其上人が造立した、奥之院側33町石です。この再興の町石だけが、砂岩製です。

その後では、江戸時代の明和7年（1770）・同8年（1771）・安永2年（1773）・同3年（1774）・同6年（1777）・同7年（1778）・寛政3年（1791）に再興された15基が続き、大正2年（1913）に岡山市の信仰団体の福田海《ふくでんかい》により再興された町石が26基あり、さらに福田海は、大正2年（1913）と昭和35年（1960）に、五輪塔部分を無くして破損した町石に新たに五輪塔部分を作成して補修をしています。

この再興された町石の中には、鎌倉時代の造立当時の銘文をそのまま刻して、今に伝えている貴重なものもあります。

再興の町石のスポンサーも有力者

これら再興された町石の中でも、根本大塔をはさんだ中心のものの再興施主には、その当時の皇室関係の重要人物が造立しています。

安永2年（1773）に再興された、慈尊院側6町石が深仁入道親王《しんにんにゅうどうしんのう》、2町石が恭礼門院富子《きょうらいもんいんとみこ》（桃園《ももぞの》天皇の女御）、1町石が青綺門院舎子《せいきもんいんいえこ》（桜町《さくらまち》天皇の女御）。奥の院側2町石・3町石が、後桜町《ごさくらまち》上皇です。

鎌倉時代の社会を反映した町石

このことは、鎌倉時代の造立当時も同じで、根本大塔付近の町石は当時の有力者が名を連ねていました。奥之院側の2町石から4町石の再興の3基には、鎌倉時代の造立当時の原銘の「太上天皇」がそのまま刻されています。

この太上天皇とは、後嵯峨上皇のことです。ちなみに奥之院の御廟の横の最後の町石の36町石も後嵯峨上皇が施主となったもので、同様に正面には「太上天皇」の銘文があり、左側面には、「文永四年丁卯三月廿一日」の紀年銘がある、鎌倉時代の造立当時のものです。

一方、根本大塔より慈尊院側の町石では、鎌倉時代の造立当時は1町石と2町石の施主が北条時宗で、4町石が北条政村であったと伝えています。

その根拠となる史料が、明治37年（1904）刊行の石倉重継著『高野山名所図会』が紹介する町石の銘文一覧です。

そこに「一町 相模守平朝臣時宗（創建施主なり）」「二町 相模守平朝臣時宗 創建」「四町 平朝臣政村 創建」と明記されています。明治36年（1904）当時はこれら町石も残欠品として現存していたのか、あるいは史料として金剛峯寺側であったものを著者の石倉重継が提供を受けて記述したものと考えます。

同書には、前記の5里石についても、「五里 廃大中臣氏女弘安三年五月創建也」と具体的な銘文の紹介がなされています。明治37年（1904）当時、残欠品が残っていたことも考えられます。

そこで、注目される事実が見出されます。根本大塔をはさんで、奥之院側の町石が朝廷方の後嵯峨上皇で、慈尊院側の町石が幕府方の中心の北条時宗・北条政村が造立しているということです。町石の基点である中心の根本大塔を境として、朝廷方と幕府方とに施主が分かれていたのです。鎌倉時代の中世社会を、高野山の町石はみごとにあらわしたものと推定します。

また、町石については現物の石塔の他に、弘安8年（1285）の町石開眼法要の時に覚斅《かくきょう》が読みあげた町石供養願文が現存します。

そこには、奥州禅刺（安達泰盛）が町石造立の最大の大施主であることをはじめ、後嵯峨上皇からも帰依を得たことや、その他では、相州前吏（北条時宗）・鎌倉二品禅尼・故松下比丘尼などから寄進があったことも明記しています。

町石完成に際して覚斅《かくきょう》は、特に施主として尽力を得た人物について、願文の中で述べたものと考えます。前記のように、5基の町石を造立した安達泰盛、4基の造立者の後嵯峨上皇、3基造立の北条時宗について述べていることは、実際の造立数とも合致しています。

町石造立者の松下禅尼

さらに、それらの人たちに続いて明記されている「故松下比丘尼」とは、吉田兼好《よしだけんこう》の『徒然草《つれづれぐさ》』にも逸話が紹介されている松下禅尼《まつしたぜんに》のことと思われます。

松下禅尼は、安達泰盛の祖父の安達景盛の娘でした。北条時氏《ときうじ》の妻となり、後に幕府執権となる北条経時《つねとき》と北条時頼《ときより》を産みます。

北条時宗《ときむね》にとって、松下禅尼は祖母にあたります。町石が完成した弘安8年（1285）には死亡しているので、史料に故人とあることにも一致します。

ただ、問題は、「松下比丘尼」とある町石が一つもない、ということです。

町石供養願文に明記されている人たちは1基だけではなく、複数の町石の造立者と考えられます。その視点で現存の町石をみたときに、注意される町石があります。それが、奥之院へ入る一の橋付近に立つ17町石です。

銘文に「為修理権亮平時氏」と町石の造立の目的を刻して、その造立者は「菩薩戒尼真行」と刻しています。銘文にある真行《しんぎょう》が、北条時氏周辺の女性であることは明白です。前記の通り、松下禅尼の夫が北条時氏であることから、菩薩戒尼真行とは松下禅尼のことと考えられます。

菩薩戒尼真行が造立した町石は、この他に133町石と134町石があり、都合3基の町石を造立したことになります。

134町石が真行自身の母のために造立したもので、133町石が、実子の檜皮姫のために立てた町石です。

松下禅尼といえば、吉田兼好の『徒然草』に紹介されています。その中で、質素倹約を息子の北条時頼に見せる場面が有名ですが、惜しげもなく3基もの町石を造立したことは、文献史料では見出せません。松下禅尼の内面を垣間見るようです。

町石造立者の大宮殿

次に、町石供養願文に出てくる、もう一人の女性の「鎌倉二品禅尼」とは誰かが問題となります。

上記の松下禅尼と同様に、「鎌倉二品禅尼」とある町石は現存しません。

そこで、現状の町石から銘文を調べると上記の菩薩戒尼真行の他では、

「比丘尼了空」が候補として出てきます。比丘尼了空は、奥之院側の 19 町石と慈尊院側の 8 町石・151 町石の 3 基を造立しています。

鎌倉二品禅尼については、源頼朝の正妻の北条政子が先ず考えられますが、町石の勧進が始まる文永 2 年 (1265) 以前に死亡していることから、該当しません。

もう一人、鎌倉二品禅尼に比定される人物がいます。それが、藤原頼経《よりつね》（第 4 代将軍）の妻で、頼嗣《よりつぐ》の母にあたる大宮殿です。大宮殿は鎌倉幕府の有力者の藤原親能《ちかよし》の娘で、夫の頼経の出家に従い尼となり、禅定二位と称しました。息子の第 5 代将軍頼嗣が鎌倉から追放にされると、大宮殿もともに追放されて京都へ移住しますが、町石の存在はその中にあっても、かなりの財力があったことを示しています。

町石の下から出土する経石

また、町石の下からは宝物が出ると、かつらぎ町天野地区では伝承されています（谷口正信氏示教）。宝物ではありませんが、慈尊院側の 37 町石の下から 300 点程の経石《きょういし》が出土しています。その他では 42 町石と 51 町石からも、それぞれ 1 点の経石《きょういし》が出土しました（62 頁・図表 58 参照）。

経石は 3 ㎝から 10 ㎝の緑泥片岩の扁平な河原石で、経文を墨書していました。書かれた経典は、「金光明最勝王経《こんこうみょうさいしょうおうきょう》」でした。

この経典は、鎮護国家にご利益がある経典とされています。出土した 37 町石の造立者は比丘尼専観という人物で、造立の目的は刻されていません。

42 町石は、北条時宗の弟の北条宗政の造立になるもので、これも造立の目的は刻していません。51 町石の造立者は幕府御家人の二階堂行綱ですが、これも立てた目的は明記していません。

すべての町石に、同様に経石が埋経されているか否かはわかりませんが、上記 3 例の事例により、町石の造立には銘文として明らかにしてない、鎮護国家という秘された目的があったことが指摘されます。

町石が造立される鎌倉時代の文永・弘安期は外敵の蒙古襲来があった頃です。蒙古襲来の第 1 回が文永 11 年（1274）、第 2 回が弘安 4 年（1281）です。ちょうど、町石が造立される最中でした。

町石造立の前に行われたこと

さらに、出土した経石が緑泥片岩の河原石であることも、重要な問題点を示唆しています。

緑泥片岩は高野山山麓の紀の川域・吉野川域で産出する高野山山麓の地元の岩石です。他では、関東の秩父地方や四国の徳島県、九州の長崎地方で取られる石材です。その点から、わざわざ遠方から搬入したとは考え難く、近くの紀の川域・吉野川域より採取した緑泥片岩の河原石をもって経石としたとするのが妥当です。

そうすると、誰が経石の経文を記したのかが次に問題となります。考えられるのが町石の造立者ですが、そうなると町石を実際に立てる前に造立者は高野山へ来て、経石に経文を書写しなければならないことになります。石塔の造立が未だ少ない時代に、町石程の大きさのものを立てるには相当の経費が必要であったことは十分に考えられます。

その町石の造立に際して、施主である造立者が立ち会わなかったとは考え難く、相当の権力者は代理を立てるなどの手段をとって晴れの舞台である町石造立の式典に臨んだのではないでしょうか。埋経される経石もその式典までには書き写されねばならないのであり、高野山登山ができない場合や高野山登山そのものが不可能な権力者は代理をたてて書き写したのではないでしょうか。

町石造立の本当の目的

前記の町石供養願文において覚斅は、「林材においては、歳を送れば腐れ易し、うるわしき山石においては劫を歴れども、かがやきのかげりなし」（原文漢文）と明記しています。町石の永遠性をねらって木製から石造の町石としたことを明らかにして、さらに同願文で「これにより、すなわち堅固の石心をおこす」（原文漢文）と続けています。

町石を造立した覚斅の真の目的はこのことにあったと考えます。人々に石のような簡単には曲げることができない、信心の「堅固の石心をおこす」ことにあったのです。

要するに、高野山登山の人たちに町石を見せることで、石の強さを見てもらい、そのことで堅固な石のようなゆるぎのない信仰心を持ってもらいたいという願いが、覚斅にあったのです。

嵯峨浜《さがはま》の五輪卒都婆

なお、高野山の町石について、里石の他にも紹介しなければならない石塔があります。それが高野山の正面玄関ともいうべき慈尊院よりさらに紀ノ川に面した嵯峨浜に立つ町石と同一タイプをした花崗岩製の五輪卒都婆です。

紀年はありませんが、町石が造立された鎌倉時代のものです。五輪塔は噛合せ式のものとなっています。

これは源氏の若槻一族による造立で、正面の方柱状部分に「無量倶胝劫《むりょくていこう》の所作《しょさ》のもろもろの罪業《ざいごう》、この曼荼羅を見たてまつれば消滅して盡《ことごと》く餘《あま》りなし」（原文漢文）とあります。

要するに、曼荼羅を見るだけで一切の罪が払拭されると明記しているのです。この銘文は、密教経典の『大日経《だいにち》』に出ている詩文の偈頌《げじゅ》の中の一つで、曼荼羅の功徳を説く五輪卒都婆となっています。

慈尊院から始まる町石が立つ参詣道は立体曼荼羅の曼荼羅世界です。これから高野山登山に向う人たちに、先ずはその功徳を説いた石塔を造立したことが指摘できるのです。

次に、その嵯峨浜の五輪卒都婆から慈尊院へと向かって 100 m程行った付近に、町石供養碑と下乗石の２つの石塔がありました。いずれも、町石が完成した際に同時にできた石塔でした。

町石供養碑《ちょういしくようひ》のこと

町石供養碑は、江戸時代後期にできた和歌山の地誌の『紀伊続風土記』に「此碑文、近世楽翁侯の集古十種碑銘の部に入れられたり。惜ひ哉、先年農家火を失するか為に焼かれ、文字往々に闕て連続し難しといへとも、町卒都婆二百十七本勧進の文字あり。此は遍照光院覚斅上人建らる碑銘ならん」と紹介しています。

文中の楽翁侯とは松平定信《さだのぶ》のことで、『集古十種《しゅうこじっしゅ》』は定信の編纂になる全国に残る古い宝物を十種に分類して出版したものです。

古くから、町石供養碑が知られていたことを伝えていて、同時にこれが町石造立の発願者である覚斅により造立されたことも伝えています。

前紀のように高野山の町石は弘安８年(1285)に開眼法要が行われますが、その直前までにはこの町石供養碑も、覚斅により造立されたものと考えらます。

町石造立に際して、供養碑をも造立したのは、高野山の他ではありません。現在、この町石供養碑の残欠が３点、慈尊院に保管されています。

下乗石《げじょういし》のこと

【図表 62　慈尊院の下乗石】

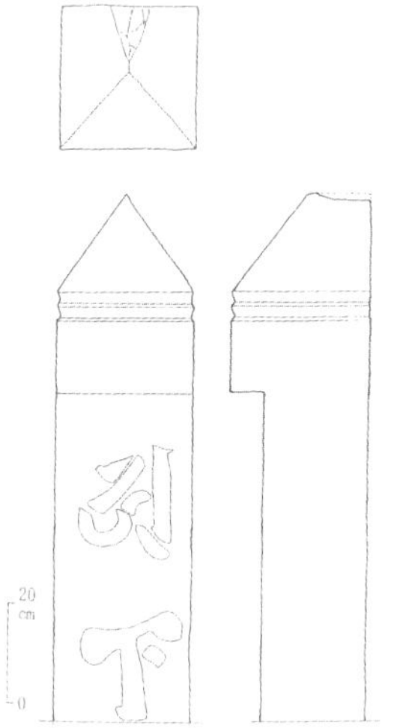

次に、下乗石については現在、慈尊院の門前に上部のみを残して立っています（図表62参照）。

花崗岩製で、板碑形をとります。正面に梵字の「ア」と、「下」のみを大きく刻します。元は、４m以上の高さの石塔と考えられます。

造立当初の銘文は、「下乗　法務権僧正定海」とあったとされます。

この銘文中の「法務権」とある断片が見出されています。

法務権僧正定海とは東寺長者であった定海《じょうかい》のことで、本下乗石に先行する木製の下乗札が、定海の僧階の権僧正の時の保延《ほうえん》２年（1136）に造立されたものが、そのままに石造化したことがわかります。

この下乗石の他の町石供養碑と嵯峨浜の花崗岩製五輪卒都婆が、木製のものに先行して存在したか否かは検討を要すしますが、少なくとも覚斅により町石造立にあわせて下乗石とともに石造化されたことは事実です。

そこには、高野山登山をする人々に対して、高野山登山の意義を見せるための演出が覚斅にあったことが指摘されます。

このような事例は、高野山の他の町石では類例を見ません。

③　五輪卒都婆

後嵯峨上皇《ごさがじょうこう》の供養塔

町石の他では、以下の3基の五輪卒都婆《ごりんそとば》が見出されています。

第一に挙げられるのが、鎌倉幕府の有力御家人の安達泰盛が後嵯峨上皇のために造立した五輪卒都婆です（図表63参照）。

【図表63　後嵯峨上皇供養塔】

（『高野山霊宝大観』）

町石と同一タイプで石材も同じ花崗岩製で、町石を造った同じ石大工の手により成ったものと判断されます。

紀年銘は文永10年（1273）2月17日とあります。

後嵯峨上皇は前年の文永9年（1272）2月17日に崩御されていますので、安達泰盛は上皇の一周忌に際して本五輪卒都婆を造立したことがわかります。

造立地は奥之院の空海の御廟前の御所芝《ごしょのしば》と称されている、いわば奥之院の一等地ともいうべき地点に立っています。当時の権力者の力の程を示す遺物です。

安達泰盛が後嵯峨上皇から中国の古典の『文選《もんぜん》』を拝領したことなどの長文の銘文が刻されています。

鎌倉時代の五輪卒都婆

次に、第二の五輪卒都婆の遺物として、無銘ですが町石が造立された頃と同時期のものと推定されるものがあります（図表64参照）。

花崗岩製です。

総高は143.6㎝で、方柱状の石柱の幅は17.4㎝。

現状で、地中に埋める根部が24㎝程表面に出ています。町石の1/2程に縮小した大きさのものです。

五輪塔部分の正面には、梵字の「ア・バ・ラ・カ・キャ」を刻し、その「ア」の梵字の下に、五輪塔部分と方柱状部分を区別する線を刻し、その方柱状部分の上部に梵字の「キリーク」を入れています。

このキリークは、阿弥陀如来を表記したものと考えます。

五輪塔の空輪の形は古式のものとなっています。

無銘品ながら、貴重な鎌倉時代の五輪卒都婆です。

【図表 64　鎌倉時代の五輪卒都婆】

慶長年間に造立の五輪卒都婆

もう一つが、時代は下りますが、慶長 3 年（1598）没の権大納言中山親綱と、親綱の息子で慶長 15 年（1610）没の従四位下冷泉為親と、青雪院富碧大姉の 3 人のために造立された五輪卒都婆があげられます（図表 65 参照）。

【図表 65　慶長年間の五輪卒都婆】

砂岩製で、正面に中山親綱の法名の「常照院正二品亜相真月想空」と没年の「慶長三」、右側面に冷泉為親の法名の「蓮池院清月浄空」と没年の「慶長十五年」、左側面に「青雪院富碧大姉」などが刻されています。

五輪塔部の形は、よく慶長期のものの特徴をあらわしています。

造立の紀年は明らかにしていませんが、慶長末年頃の造立のものと推定します。

④　一石五輪塔

南北朝時代以前の五輪塔が 200 基

前にも述べましたように、五輪塔は平安時代末頃より遺品が認められますが、南北朝時代までのものはその数が少なく、古遺品として貴重です。

高野山奥之院のように、南北朝時代以前の在銘の五輪塔が 200 基以上あること自体が大変珍しいことなのです。

一石五輪塔の性格

ところが、室町時代になると五輪塔はそれまでになく多く造られるようになります。ただ、その形態はより小型化したものになっていくのです。

そして、室町時代の中頃の 15 世紀はじめ頃になると、さらに小型化した細長い方柱状の五輪塔が現れます。その形は、一つの石で造られており、それまでの五輪塔とは全く違うタイプのものです。これを特に一石五輪塔《いっせきごりんとう》と呼び区別します。

高野山最古の在銘一石五輪塔

【図表 66　在銘最古の一石五輪塔】

高野山における最古の在銘一石五輪塔は、高野山内の高野山大学の構内にある永《えい》享《きょう》10 年（1438）のものです。砂岩製で、空輪と風輪と火輪の一部を欠損します。

法量は、現高 27.2 ㎝で、地輪高さ 15.4 ㎝、地輪幅 10.4 ㎝で、地輪底部は、尖頭形に尖っていて、地面に埋め込む埋込式《うめこみしき》一石五輪塔となっています（図表 66・67 参照）。

銘文は、「妙慶、永享十四月」とあります。永享 10 年（1438） 4 月、妙慶のために造立された一石五輪塔と知られます。

【図表67　在銘最古の一石五輪塔】

この永享10年（1438）のものから慶長末年に至るまで、589基の在銘一石五輪塔が高野山で見出されました。

その造立数の変遷は、図表14を参照してください。

前記の五輪塔の造立数の変遷表と見比べてみると一目瞭然ですが、はじめは少なかった一石五輪塔も次第にその数を増して、15世紀末～16世紀はじめにかけて五輪塔を抜いて最も多く造立された石塔となります。まさに室町時代後期は、一石五輪塔が造立された時代でした。

高野山一石五輪塔の石材

この一石五輪塔について概要を示すと、次のようになります。

先ず石材は、砂岩・緑泥片岩・花崗岩の3種類の使用がみられます。その中の花崗岩については無銘の2基を数えるだけで、石材については、砂岩か緑泥片岩のいずれかとなります。

15世紀末から16世紀の始めにかけては、ほとんどの在銘の一石五輪塔が緑泥片岩製です。ところが、16世紀末になると緑泥片岩製は姿を消して、砂岩製の一石五輪塔だけとなります。

このことにより、一石五輪塔の造立時期を概観すると、前半が緑泥片岩製で後半には砂岩製が占めていて、主な石材が、緑泥片岩製⇒砂岩製へと使用の変遷があったことが指摘されます。

この点については、一石五輪塔に限らず高野山における石塔全体においても指摘されますが、詳細は別項の考察のところでも触れたいと思いますが、一言いうならば緑泥片岩製の石塔は、16世紀までで消滅してしまいます。

一石五輪塔の型式

一石五輪塔の型式については、埋込式《うめこみしき》・安置式《あんちしき》・枘式《ほぞしき》・反花式《かえりばなしき》の4型式

【図表68　埋込式一石五輪塔】　【図表69 安置式一石五輪塔】　【図表70　枘式一石五輪塔】

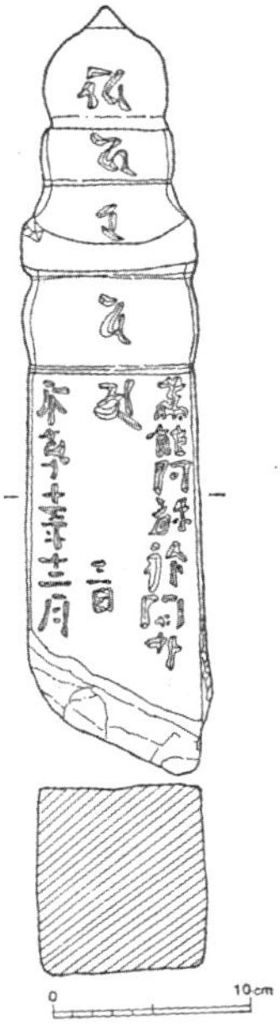

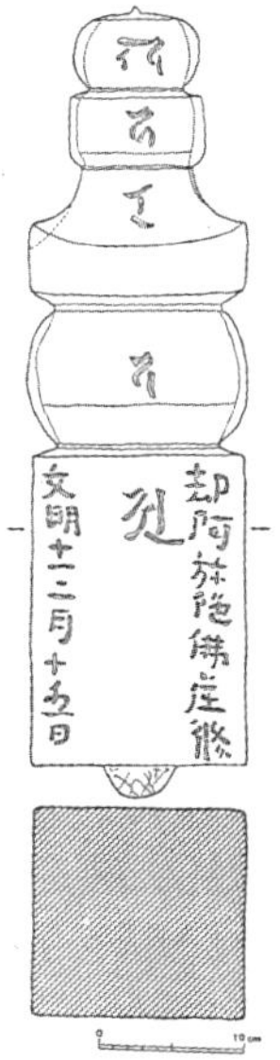

に分類できます。

埋込式とは、一石五輪塔の下部があらたたきのままか、尖頭形になっていて、そのままでは立てることができないので、埋め込むようになっているものです（図表68参照）。上記の高野山在銘最古の一石五輪塔もこの型式です。

安置式とは、一石五輪塔の地輪底部が別石造り五輪塔の地輪のように整備されて、そのままでも立てて置くことができるもののことです（図表69参照）。

枘式とは、一石五輪塔の地輪底部に枘《ほぞ》があるもののことです（図表70参照）。この枘式のものは、砂岩製のものが数基見出さる他、その大半は緑泥片岩製です。緑泥片岩を材とする石大工の技術の高さを今に伝えています。

枘があるということは、一石五輪塔の造立当初は別石の基壇の上に、立っていたことを示しています。このことを裏付ける資料として、緑泥片岩製の小型反花座で、上面の中央に一石五輪塔の枘を受けるための枘孔を有するものが高野山等において見出されています。

一石五輪塔の中で反花座に立つものは、他でも報告されていますが、その数は少なくて高野山以外では貴重です。

高野山においても、小型の一石五輪塔のものと思われる反花座が緑泥片岩製と砂岩製のものの両方にありますので、おそらくは、安置式の中には造立当時には反花座に立つものがあったものと思われます。

ところが、地輪底部に枘がある一石五輪塔は、高野山の他では極めて少なく、特殊な型式と断定されます。この枘と枘孔との接合方法は、そのまま積み木のように積み重ねる方式よりは丈夫であり、枘式一石五輪塔を製作した石大工の独創性が垣間見られます。

ただ、枘式一石五輪塔は一石五輪塔の草創期の文安6年（1449）の遺品を最古にして、永正14年（1517）のものを最後としています。

15世紀末頃では最も多く造立された型式でしたが、その間わずか70年弱程で消滅した型式です。

反花式とは、基壇の反花座をも一石で造った一石五輪塔のことです（図表71参照）。

掲載の図表63のものの他は、わずかに1基、永正10年（1513）の遺品が見出されているだけです。

この型式の一石五輪塔は大阪府泉南地方で見出されるものですので、同地方から高野山奥之院へ持ち込まれて造立されたことが伺われます。

【図表71　反花式一石五輪塔】

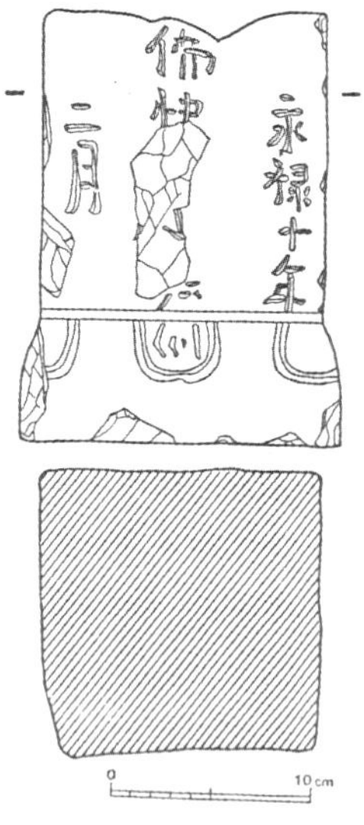

水野貞守《みずのさだもり》の一石五輪塔

この一石五輪塔の被供養者について、高野山以外の人物ではわずかに一人、明らかにする遺品が見出されています。

それが愛知県刈谷市の刈谷城主の水野貞守の一石五輪塔です。

緑泥片岩製の完形のもので、高さ45.8㎝の枘式一石五輪塔で、

玄室通公禅定門、㞮文明十九暦五月十八日、三川刕苅屋郷住水野

と銘文があります（図表72参照）。

【図表72　水野貞守一石五輪塔】

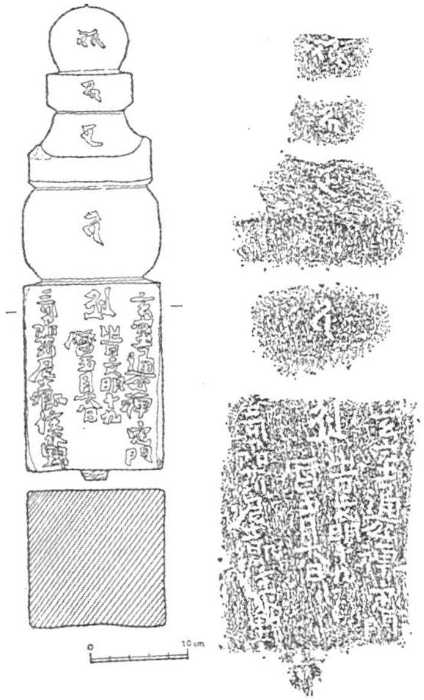

法名の玄室通公禅定門が水野貞守のもので、文明19年（1487）5月18日は貞守の没年月日です。

おそらくは、水野貞守の死亡の直後に高野山に造立されたことが指摘されます。

その当時、高野山で盛んに造られていた緑泥片岩の枘式一石五輪塔で造立されたことがわかります。

貞守は死後、生前に領内に建立した曹洞宗の宇宙山乾坤院に葬られていますが、高野山における一石五輪塔の造立については、史料では見出せません。

貞守は江戸時代の有力譜代大名水野氏の先祖です。貞守より4代後に、徳川家康の実母となる於大《おだい》の方《かた》が出ます。

一石五輪塔は、そのほとんどが高さ60㎝以下の小型の方柱状の形態です。

それで、これまで一石五輪塔の造立者は庶民であるとの見解が強かったのですが、実際はそうではなく、権力者側も時代の流行である小型の一石五輪塔を造立していった様子が、水野貞守の一石五輪塔の事例で垣間見られます。

古絵図に描かれた一石五輪塔

次に、一石五輪塔が高野山の古絵図に描かれているものがありますので紹介します。

それが、江戸時代中頃の遺品と考えられます、兵庫県赤穂市花岳寺所蔵の高野山参詣曼荼羅です。

御廟前の燈籠堂付近で、一石五輪塔を荷なう僧侶が描かれています（図表 73 参照）。

貴重な絵画資料で、一石五輪塔の造立には、高野山側の僧侶が関与していたことなど伺われます。

【図表 73　一石五輪塔を荷う僧侶】

（『高野山古絵図集成』）

砥石に転用された一石五輪塔

また、珍しい遺品として、近年の高野山内の発掘調査で、一石五輪塔を砥石として転用していたことをうかがわせるものが、はじめて見出されました。金剛峯寺遺跡（大乗院跡駐車場整備事業に伴う発掘調査）で発掘されたものです（図表 74 参照）。

緑泥片岩製で、埋込式一石五輪塔の地輪の 4 面を砥石としていました。

本一石五輪塔は、地輪中央がえぐられた形状を残しています。砥石の中で、使い込まれたものがそのようになるのは、今でも、よくみることができます。

この一石五輪塔が造立されて間もなく、砥石に転用されたものと考えられます。

古の中世人の合理的な一面を垣間見るようです。

【図表 74　砥石に転用された一石五輪塔】

⑤　宝篋印塔

宝篋印塔《ほうきょういんとう》とは

宝篋印塔とは、基礎・塔身・笠・相輪の四つの部分よりなる、一重の塔のことです。相輪を除いて、平面は各部とも四角です。特色は、笠が段になっていて、その笠の四隅には隅飾りの突起があることです。

この宝篋印塔の祖形は、大陸の中国に求められますが、我が国で石塔として造られるのは、鎌倉時代の中頃からです。以来、五輪塔に次いで多く造られた石塔となりますが、これも五輪塔と同じで、全体に南北朝時代以前の遺品は少なくて貴重です。

高野山では、鎌倉時代の在銘品が 4 基、南北朝時代のものが 13 基、室町時代から安土桃山時代までの遺品が 212 基の、都合 229 基が見出されています。

高野山在銘最古の宝篋印塔

高野山における在銘最古の宝篋印塔は、御廟前の御所芝にある永仁 6 年（1298）の遺品です（図表 75 参照）。

花崗岩製で、高さ 102 ㎝の完形品です。

銘文は、

　　敬白、奉造立塔、一基、右為比丘尼圓松、
　　往生極楽乃至法、界平等利益敬白、
　　永仁六年戊戌四月日、孝子歓阿弥陀仏、
　　敬白

とあります。

【図表 75　在銘最古の宝篋印塔】

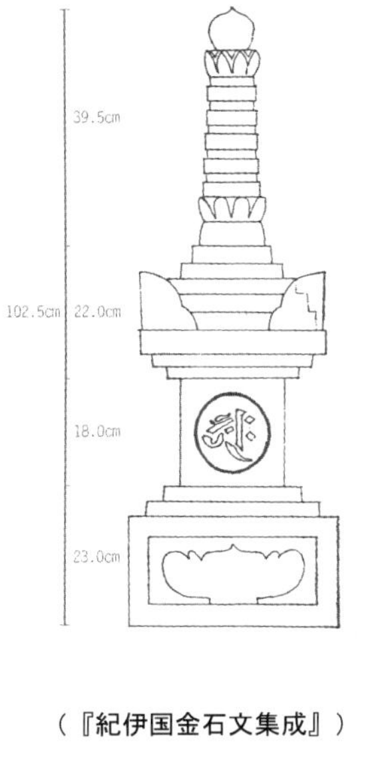

（『紀伊国金石文集成』）

比丘尼圓松の往生極楽などのために、圓松の子供の歓阿弥陀仏が造立した宝篋印塔と知られます。

圓松と歓阿弥陀仏がいかなる人物であった

不明ですが、御廟前に造立したことから、相当の人物であったことは推測されます。

２番目に古い宝篋印塔

【図表 76　永仁７年宝篋印塔銘文】

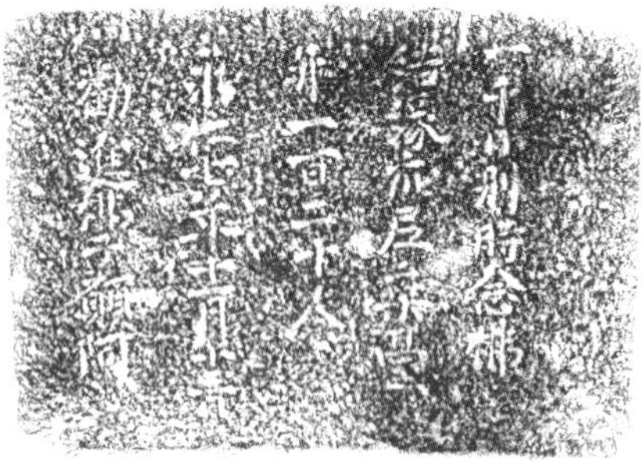

次に古い鎌倉時代の宝篋印塔としては、永仁７年（1299）の遺品が挙げられます。砂岩製で、高さ 34.6 ㎝、幅 42.2 ㎝の基礎のみの残欠品ですが、

一千日別時念佛、結縁衆尼乗臺、并一百二十人、
永仁七年十一月十三日、
勧進佛子願阿

と銘文があります（図表 76 参照）。

別時念仏《べつじねんぶつ》とは、一定の日を限って行う念仏のことで、この場合は一千日という約３年間を区切った念仏衆であったことがわかります。その念仏衆の構成は尼乗臺と 120 人の集団でできていて、本塔はその一千日念仏の成満をした記念に、願阿の勧進により完成したものと伝えています。

別時念仏衆の成満の功徳に、広く一般からの結縁を募りできた塔と考えます。鎌倉時代の信仰集団の様子を、今に伝える貴重な遺品です。石塔は、古い時代は信仰上の石造記念物としての性格の面もあり、本遺品はそのことをよく示しています。一個人の単なる墓塔や、供養塔ではなかったのです。

新潟から造立の元亨３年宝篋印塔

次に紹介するのは、前記御所芝にある２基の遺品です。いずれも鎌倉時代末頃の元亨《げんこう》３年（1323）８月に、比丘尼禅因により造立された砂岩製のものです。一つ目のものには、

為現世安穏後世、善所於上品上生、地彫刻起立之
元亨三年八月日、越後國府中住人、比丘尼禅因

二つ目には

為浄恵禅門出離、得脱當一百箇日、彫刻起立之

元亨三年八月日、越後國府中住人、比丘尼禅因

と銘文があります。

最初の宝篋印塔は、造立者の禅因自身の現世における安穏と後世における上品上生の阿弥陀仏の極楽浄土に生まれることを願って立てられたもので、後者のものは恐らく禅因の夫であろう浄恵禅門の百か日の忌日に際して成仏を願って造立されたものです。

百か日の忌日に石塔を造立するという、これも当時の石塔造立の様子を伺う好資料です。造立者の比丘尼禅因は越後国府中の住人であることも明記します。その場所は、現在の新潟県上越市直江津・五智の両付近です。

本塔は、本地名の「府中」の使用の最も早い事例との指摘もあります。造立者の比丘尼禅因は同地から高野山へ来て、この２基の造立を果たしたのです。

南北朝時代の宝篋印塔－畠山国詮《くにあきら》塔－

南北朝時代の遺品としては、同時代最末期ですが、明徳３年（1392 北朝年号）の緑泥片岩製のものが挙げられます。銘文は、

畠山修理、大夫國詮、法名覺阿、明徳三年十月一日

とあります。

畠山氏は室町幕府の重臣で、畠山修理大夫国詮は貞和元年（1345）幕府より奥州探題として派遣された畠山高国から数えて三代目とされる人物です。陸奥国安達郡（現福島県二本松市）を拠点として、その子孫は戦国時代に至るまで二本松畠山氏として同地を支配していました。

石塔に「畠山修理大夫国詮」などと実名を刻するものは極めて少なく、その点からも貴重です。畠山国詮は生没不詳とされていますが、本塔の存在により、法名を覚阿と称して明徳３年 10 月１日に没したことがわかります。

それは翌明徳４年（1393）に国詮の子の畠山満泰が打渡状を発給していることから、畠山の家督が国詮から満泰へと渡っていることからも指摘されます。

さらに、石塔の石材が高野山山麓の緑泥片岩製であることから、遠く、陸

奥国二本松から高野山へ出張して石塔造立となったことがわかります。国詮の没後、おそらくは新たに二本松畠山家の当主となった満泰が、父国詮の供養のため高野山に宝篋印塔を造立したものと考えます。

室町時代の宝篋印塔－赤松政則《あかまつまさのり》塔－

【図表 77　赤松政則宝篋印塔銘文】

室町時代の遺品としては、明応5年（1496）の緑泥片岩製のものが挙げられます。高さ 25.5 ㎝、幅 23.5 ㎝です。

これも基礎のみの残欠品で、

松泉院殿、三品無等、

雲公大居士、

明應五年、丙辰四月廿五日

と銘文があります（図表 77 参照）。この「松泉院殿三品無等雲公大居士」とは、室町幕府重臣の赤松政則のことです。赤松氏は、幕府の四職家の一つとして重きをなしました。一時没落しますが、応仁の乱を前後として、この政則により家は再興され、播磨・備前・美作三国の守護となりました。法名にもあるように、足利一門以外では初めて、従三位に叙されています。

本塔の紀年銘である明応5年（1496）4月25日は、政則が亡くなった時であり、没後間もなく高野山に造立されたことが知られます。

塔の石材は緑泥片岩製です。前記畠山国詮のケースと同じで、政則の周辺の人物が高野山へ出張して本塔造立となったことが指摘されます。

足利将軍家の宝篋印塔

また、室町時代の宝篋印塔で挙げなければならない遺品が、奥之院の御廟前の御所芝《ごしょのしば》にある足利将軍家の遺品です。

このことは、『紀伊続風土記』にも「足利家石塔あり、有名無実十二基許御所芝上下にあり」と明記されているもので、実際に遺品として確認されているのは、三代将軍正室の北山院・同将軍側室の勝鬘院、四代将軍義持、五代将軍義量、六代将軍義教、七代将軍義勝の6基です。

安土桃山時代の宝篋印塔－浅井長政《あさいながまさ》塔－

【図表 78　浅井長政宝篋印塔】

安土桃山時代の遺品では、文禄元年（1592）造立の浅井長政の宝篋印塔が挙げられます。銘文は「江刕浅井備前守殿、為天英宗清大居士菩提、文禄元年九月朔日」とあります（図表 78 参照）。

九月朔日は浅井長政の祥月命日で、没後 20 年目で、21 回忌に相当します。この年に、浅井長政の盛大な供養が高野山で執り行われて、本塔が奥之院に造立されたことが考えられます。造立者は明記されていませんが、本塔が浅井長政の次女初《はつ》の嫁ぎ先である京極家の奥之院の墓域に近い所に存在することから、同家により造立されたものと推理します。

前田利家・まつ夫妻の宝篋印塔

【図表 79　前田利家宝篋印塔】

また、前田利家・まつ夫妻の宝篋印塔も同時期の遺品として挙げられます。

これは、前田利家の没後に妻まつが、夫の供養のためと自身のために造立したもので、同型の宝篋印塔です（図表 79 参照）。

銘文は、前田利家塔が、

　慶長二二季己亥、高徳院殿前亞相、為

　桃雲見公大居士菩提、閏三月初三日

とあります。

二二とは、四のことです。

四の数を嫌って、二の数を二つ並べています。慶長 4 年（1599）閏 3 月 3 日は前田利家が死亡した時です。

まつ塔には、慶長四季己、芳春院殿亥、為御逆修、華胤芳春、六月十五日と銘文があります（図表80参照）。

【図表80　前田利家夫人まつ宝篋印塔】

6月15日は、前田利家の没後百カ日を過ぎた頃であり、百カ日の忌日の法要の後に両塔が造立されたものと推測されます。

まつは夫利家の百カ日の法要を機に、単なる出家ではなく生前葬の逆修をして利家の後を追ったことが明らかになりました。

二人は、生前は仲がいい夫婦だったと伝えていますが、そのことが間違いないことを実証するようでもあります。両塔を計測するとわずかに、まつ塔が利家塔と比べると数cm小さく造られています。

まつは、夫に遠慮して本塔を造立したものと推測します。このことは、小早川隆景夫妻の五輪塔も同じで、隆景塔がわずかに大きく造られています。

蜂須賀正勝の宝篋印塔

【図表81　蜂須賀正勝の宝篋印塔】

豊臣秀吉に早くから使えたとされる武将の一人に、有名な蜂須賀小六正勝がいます。

秀吉の墨俣築城に功を挙げて以来、秀吉の直臣として数々の合戦に従いました。その正勝の宝篋印塔も奥之院に造立されています。砂岩製で、総高154㎝。銘文は、

天正十四丙戌年
福聚院殿四品
良岩静張大居士
五月廿二日

とあります。「福聚院殿四品良岩静張大居《ふくじゅういんでんしほんりょうがんせいちょうだいこじ》士」とは、正勝の法名なのです。天正14年（1586）5月22日は、正勝が没した時です。没後に造立された石塔と知られます。

⑥　石仏

石仏《せきぶつ》とは

石仏とは、石を素材として彫刻された仏像のことです。古くは、「いしぼとけ」とよまれていた。地名でも、高野山周辺の大阪府河内長野市加賀田地区に石仏《いしぼとけ》の地名があります。

事実、加賀田の石仏には、平安時代末期頃の阿弥陀石仏があります。「せきぶつ」ではなく、「いしぼとけ」と尋ねた方が、石仏調査の際は効果的です。石仏は、奈良時代からの遺品が知られています。

高野山における石仏としては鎌倉時代のものが 1 基、南北朝時代のもの 1 基、室町・安土桃山時代のものが 85 基で、都合 87 基が見出されています。

そのほとんどが地蔵《じぞう》石仏です。地蔵菩薩は閻魔王《えんまおう》の本地仏《ほんじぶつ》とされています。地蔵菩薩＝閻魔大王　なのです。死後の往生極楽を夢見た中世人たちの願いがこめられた、地蔵石仏の造立となったことが察せられます。高野山奥之院に造立された石仏の銘文によると、造立者の多くは在俗の出家者でなくて、本職の僧侶であることが目立っています。

在銘最古の鎌倉時代の石仏

【図表 82　元亨元年地蔵石仏】

先ず挙げられるのが、高野山奥之院の在銘最古の地蔵立像石仏です。舟形光背形に尊像を半肉彫したもので、鎌倉時代末頃の元亨《げんこう》元年（1321）の年号を有します。

砂岩製で、高さ 112.5 ㎝、幅 45 ㎝。地蔵菩薩立像を刻出します（図表 82 参照）。

向って右に、

　為所志之聖霊乃至群類共成佛道矣

左に、

　元亨元年辛酉九月八日願主定佛敬白

と銘文があります。「志す所の聖霊、乃至群類ども成佛道の為」と読めます。

つまり、被供養者の名前は明らかにしないで、さらには諸々の聖霊の成仏のために造立した地蔵石仏であることを伝えています。多くの亡くなった人々のために造立された石仏ということになります。造立者は定佛とありますが、この人物についても詳細としません。

なお、同地蔵石仏は江戸時代の古絵図等に、「歯痛地蔵」と称され、歯痛にご利益があるとされていました。歯痛のご利益のお礼に爪楊枝が納められていました。

また、別名を声明地蔵とも言われていました。声明とは、仏教の法会で用いる音曲のことです。歯が抜けてはいい声も出せませんので、そのような名前がついたものと思います。

南北朝時代の石仏

次に古い石仏として、南北朝時代の正平12年（1357南朝年号）の紀年を有する、舟形光背形に地蔵立像を半肉彫した、地蔵石仏が挙げられます。

奥之院の御廟周辺より出土した遺品です。砂岩製で、高さ22cm、幅10.4cm。

向って右に「正平十二年」、左に「三月□□□」と銘文があります。

小型の石仏ですが、尊像の衣文をはじめ全体に重厚さがあり、南北朝時代の古遺品で間違いありません（図表83参照）。

【図表83　正平12年地蔵石仏】

（『高野山奥之院の地寶』）

室町時代の石仏

この正平12年（1357）以降で石仏の遺品としては、室町時代中頃の文明16年（1484）の地蔵立像石仏が挙げられます。その間、約80年在銘の石仏は見出せません。本遺品は緑泥片岩製で、高さ 44cm、幅 18.6cm。舟形光背形に尊像を半肉彫します。

向って右に「文明十六」、中央上部に「仏性」、左に「六月一日」と銘文があります。仏性とは、被供養者の法名と考えられます。

石仏であっても、銘文は五輪塔等の石塔のものと内容は同一であり、性格自体は石塔の造立と意味は同じであることが指摘されます。

丸彫りの石仏

【図表 84　水向け地蔵にある丸彫石仏】

高野山における石仏の形態は、上記の例のようにほとんどが舟形光背形に尊像を半肉彫するものですが、若干の事例として尊像の背面までも完全に造った丸彫の石仏が見出されます。

その石材は、共通していて全て緑泥片岩です。在銘としては、明応３年（1494）の地蔵坐像が見出されています。

その他では無銘品ですが、同じく室町時代中頃の遺品とされる２基の丸彫の石仏があります。

一つが御廟橋の御廟に向って右側にある水向け地蔵の中にある地蔵立像です（図表 84 参照）。

【図表 85　阿弥陀如来来迎石仏】

完形の遺品で、御廟橋横に並ぶ地蔵尊の中で、最古の遺物です。本遺品が造立当時より移動してないとなると、地蔵尊が造立された室町時代中頃に、水向け地蔵ができたことを示唆することになります。

もう１基の丸彫の石仏としては、阿弥陀仏立像のものが見出されています。上部は欠損していますが、来迎相《らいごうそう》の上品下生《じょうぼんげしょう》の印相《いんそう》を有します。頭部には円形の光背を刻出しています（図表 85 参照）。

来迎とは、臨終の念仏信者を極楽浄土へ迎え取るために、阿弥陀仏が来迎する有様をあらわしたものです。この石仏の造立者の願いが込められた様子をまざまざと伺うことができます。

二つの不動明王石仏

地蔵菩薩と阿弥陀仏の以外の石仏では、不動明王像が確認されています。2 基あって、一つが高野山北室院の不動明王石仏です。

高さ 39.6cm の舟形光背形に立像を半肉彫します（図表 86 参照）。

無銘品で緑泥片岩製の小型の石仏ですが、室町時代中頃の遺品と推定されます。

もう一つが砂岩製の不動明王石仏で、舟形光背形に立像を半肉彫します（図表 87 参照）。

これには天文 9 年（1540）の紀年があり、銘文は向って右に「河州尊延寺弘進」、左に「天文九年六月二十六日」と刻します。

河内国の尊延寺の弘進という僧侶が造立したものです。

尊延寺《そんえんじ》とは、旧河内国内の、今も大阪府枚方市尊延寺地区にある、聖武天皇の勅願と伝える高野山真言宗の古刹です。

弘進《こうしん》とは、天文 9 年（1540）当時の尊延寺の住持でしょう。銘文からは、弘進が自分自身のために造立した石仏と解されます。

【図表 86　北室院の不動明王石仏】

【図表 87　天文 9 年不動明王石仏】

永正９年の地蔵石仏

高野山奥之院の裏手には、高野山へ入る高野七口《こうやななくち》の一つの黒河道《くろこみち》が通っています。その黒河道の高野山へ入山する子継峠《こつぎとうげ》という峠の地蔵として造立されていたのが、永正９年（1512）地蔵立像石仏でした。

高野山の表参道は慈尊院から大門に至る町石道ですが、高野山の登山口は七口があります。

黒河道もその一つですが、これまでは高野山への参詣道ではなくて、周辺の村々の人たちが使っていた生活道であるとの説が主流でしたが、本石仏が近年に見出されて一気に参詣道として脚光を浴びています。

緑泥片岩製で、高さ 84 ㎝・幅 40 ㎝で銘文が、

　十三年　検校重任、

　香春峠永正九秊八月廿二日

とあります（図表88参照）。

【図表88　黒河道の永正９年地蔵石仏】

石仏の造立者が時の高野山主の検校の重任《ちょうにん》であることは重要です。峠の名前も、音は今と同じで「こつぎとうげ」ですが、漢字は違って「香春峠」と称していたことを明示しています。

この時代、黒河道から相当の高野山参詣者があったために、本地蔵石仏が造立されたことが伺えます。

この黒河道は、奈良方面からの高野山登山者にとっては、最短距離で高野山へ入山できる参詣道であることも指摘されます。

また、全国には峠の地蔵は多くその例を見ますが、室町時代にさかのぼる中世の遺物は本地蔵石仏だけです。

なお、黒河道には、豊臣秀吉が高野山登山の帰りに駆け下りたと伝える、「太閤坂《たいこうざか》」という地点も今に残されています。秀吉は高野山へ来たとき、それまで禁止とされていた鳴り物の能を行わせたところ、たちまち天変地異が起きて、驚いた秀吉が黒河道を駆け下りたとされています。

⑦　板碑

板碑《いたび》とは

板碑とは、頭部を山形に造り、その下に二段の切り込みと額部があり、塔身部・根部を造る石塔のことです。

一石で造られ、緑泥片岩を産出する関東においては、奥行を小さくした板状の板碑が中世において流行しました。緑泥片岩が縦に割れやすいという性質を利用したものでした。

関西では花崗岩を石材として造られ、九州においては凝灰岩で造られた板碑がみられます。関東のものとの違いは、奥行があるということです。石質の違いによるものと考えられますが、正面をみたときは関東の板碑と同じで頭部の山形と、二段の切り込みと額部・塔身部・根部を造る点は共通です。

高野山においては、３基の鎌倉時代の遺品と、１基の南北朝時代の遺品、15基の室町時代・安土桃山時代の遺品の、都合19基が見出されています。

その中の、鎌倉・南北朝時代のものを紹介します。

高野山奥之院の在銘最古の板碑

高野山における在銘最古の板碑は、鎌倉時代の建治２年（1276）の花崗岩製のものです。

総高158.6cm、幅27cm、最大奥行27cmの完形で、正面に上部に梵字の「バン」（金剛界の大日如来）と、その下に「阿闍梨勝秀」、向って右側面に「為先師二親及法界」、左側面に「高祖十四代資」、背面に「建治二年霜月十六日」と紀年銘を入れます（図表89参照）。

【図表89　高野山奥之院建治２年板碑】

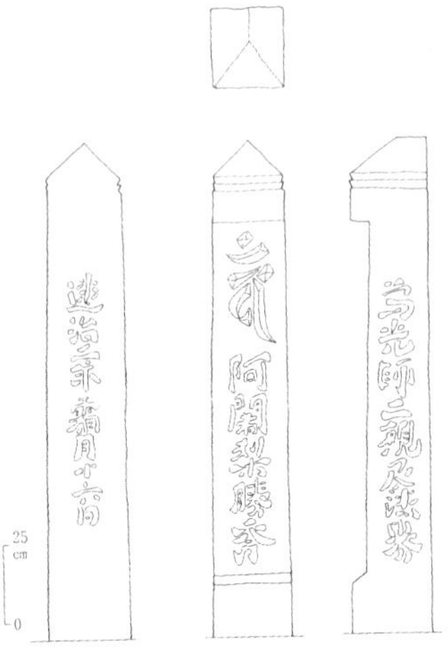

造立者は空海から14代の資にあたる

阿闍梨勝秀で、自身の師匠・父母と、全ての世界のために立てられたことが知られます。

【図表90　上天野の建治2年板碑】

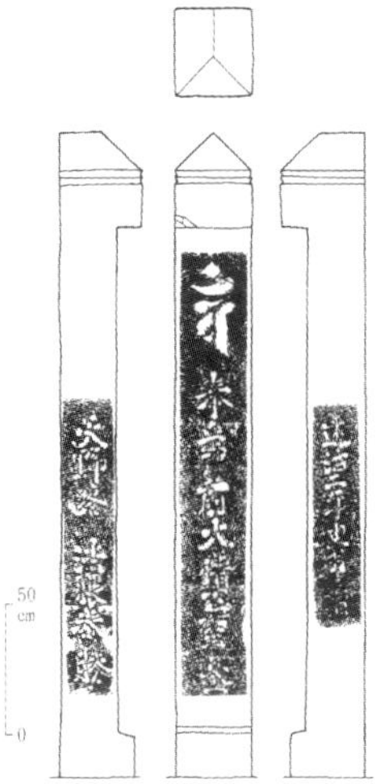

かつらぎ町上天野の板碑と慈尊院の下乗石

本板碑と同一タイプをしたものが、高野山町石道に遺存するものと前記の慈尊院の下乗石の2基が挙げられます。

高野山町石道に立つものは、136町石付近のかつらぎ町上天野にあり、紀年銘は同じ建治2年（1276）です。花崗岩製で、総高246㎝、幅30㎝、最大奥行33㎝を測り、高野山の遺品と比べると大型です（図表90参照）。

慈尊院の下乗石は前掲の（図表62）にあるように上部のみを残します。

板碑の起源

板碑については先学による研究が多く、その起源論についても、修験道の碑伝《ひで》説、笠塔婆説、五輪卒都婆説、宝珠説などがあって、それらの諸説は互いに反目しあっています。

その中にあって、石塔研究の先駆者の川勝政太郎博士は板碑の起源について、「角塔婆を作る時、断面方形の柱状で頭部を水平に切り放したものでは形の上で満足できない場合、頭部を四面ともに上に向って削りあげると、山形の頭部ができる。それを一層変化のある形にしようとして2段の切り込みが作られた。たあいのない説といわれるかもしれぬが、案外そのようなところに元があるかもわからぬ。円柱状の杭を立てる時に、頭部を円錐状に削って立てるものがあるが、あの行き方との共通性を思うのである」とされました。

高野山の建治2年（1276）板碑の形状は、まさしく川勝博士が指摘する形態で、それ以上に木製卒都婆の形態を今に伝える古遺品です。それが、背面を垂直に切り放している点と、塔身の上端と下端に額部と根部の造り出しがあることです。背面の切り放しは、生木をまっすぐに切断して卒都婆に彫成したことを伝えていると考えます。

板碑の祖形を伝える杓子塔婆

上下の造り出しについては、筆者が高野山周辺の旧花園村（現かつらぎ町花園地区）の墓地で実見した高さ 20 ㎝程の生木の埋込式の小型卒都婆が参考になります。

これは、五来重博士が見出されたもので、杓子塔婆《しゃくしとうば》と称されています。正面には被供養者の法名を書くために削り出してありました。これにより、小型卒都婆の上端と下端には造り出しができます（図表 91 参照）。前記の高野山町石の項でも触れましたが、木製から石造の卒都婆への変遷が高野山では明らかに辿ることできます。これは、全国的にも極めて珍しい事例として挙げられるますが、板碑についても同様に木製から石造の変遷の跡がみられるのです。

【図表 91　杓子塔婆】

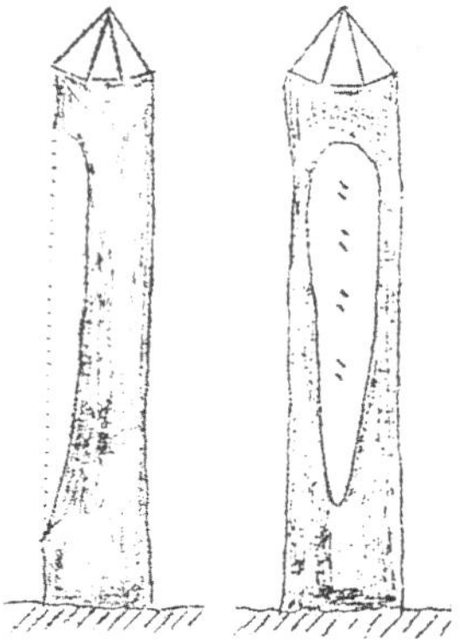

（五来重博士『仏教民俗』 1 号）

正和元年の板碑

次に挙げる板碑も、高野山にある鎌倉時代末頃の正和元年（1312）の遺品です。正面上部に梵字の「バン（金剛界大日如来）」「キリーク（阿弥陀如来）」を入れ、「出天地間五十七年、清風迊空十音一声、南無阿弥陀仏」と刻し、「いにしへははなさくはるにむかひしに、にしにくまなき月をみるかな」という和歌を入れ、「右頌歌者正和元年四廿七午尅、大中臣弘泰法師沙弥心浄、臨終之刻誦之率畢、大施主比丘尼心恵敬白」と銘文を刻します。

銘文は、被供養者の実名が大中臣弘泰で、出家後の法名を法師沙弥心浄と名乗っていた人物と知らせています。

正和元年（1312）4 月 27 日の午の時刻（午前 11 時から午後 1 時の間）に 57 歳で亡くなり、その直前に「古へは花咲く春に向かいしに、西に隈なき月を見るかな」と辞世の句を詠んだことを明記します。石塔にこのように辞世の句を刻する事例は他ではなく、極めて貴重です。造立者の大施主比丘尼心恵は女性であり、おそらくは大中臣弘泰の妻であったものと考えられます。それは両者の法名が「心浄」と「心恵」で、同じ「心」の文字を共有していることからも考えられます。

向って右側面には梵字の「バク（釈迦如来）」と、光明真言の「オン・ア・ボ・ギャ・ベイ・ロ・シャ・ノウ・マ・カ・ボ・ダラ・マ・ニ・ハン・ドマ・ジンバ・ラ・ハラ・バ・リタ・ヤ・ウーン」を梵字で刻し、無量寿経の偈の「説我得佛、十方衆生、至心信楽、欲生我国、乃至十念、若不生者、不取正覚」と、その下に「沙弥道恵依奉之記畢」と刻します。これにより、銘文を石塔に記したのが沙弥道恵という人物であったことがわかります。無量寿経は、浄土三部経の一つです。

左側面には梵字の「タラーク（虚空蔵菩薩）」を刻し、その下に「聖霊雖深當山止住之志或恐公務威或被障妻妾、同穴之願被妨僮僕従順之好終於不遂素懐徒去爰施主、不絶悲歎任在世之旨趣青烏令登走亡骨納石塔婆訖忝、此山者大師入定霊地佛法繁昌砌也仰願垂佛知照覧為、證大菩提乃至法界衆生平等利益造立供養如左」と５行にわたる長文の銘文が刻されています。さらに、「使者相州鎌倉住侶、藤原朝廣法師沙弥西蓮、僧教圓」と刻します。

要するに、生前に高野山への造塔を希望していたが公務等の支障があって果たすことができず、それを不便に思った施主が亡き弘泰の遺骨を相模国鎌倉の住侶の教圓と藤原朝廣法師沙弥西蓮の２人に託して高野山にこの板碑を造立したのです。

鎌倉時代の高野山への石塔造立の過程を詳しく知る好資料です。高野山は「大師入定の霊地で仏法繁昌の場所」なのです。正面に刻させた「比丘尼心恵」は「大施主」とあることにより、この場合は正室の妻であり、他に単に「施主」という立場の側室がいたことが正面と側面の銘文によりわかります。弘泰周辺の複数の女性により本塔が造立されたことがわかります。

これ程の板碑を造立する経済力を持った大中臣弘泰とはいかなる人物かはわかりません。ただ、銘文にもあるように相模国鎌倉の住人で、鎌倉幕府の有力者であったであろうことは推定されます。「大中臣」の姓は、造立当時の高野山町石の施主にもまま見られます。

背面には梵字の「ウーン（阿閦如来）」とだけ刻されています。四面の梵字については、金剛界の四仏と金剛界の大日如来を刻したものとも考えられますが、同四仏中の一仏の「アク（不空成就如来）」であるところが、「バク（釈迦如来）」となっていています。これを金剛界の四仏の変形したタイプとも判断されますが、そうなると上記の「タラーク」は宝生如来となります。

【図表 92　正和元年板碑】

板碑のタイプは、前記建治２年（1276）板碑と比べると、山形の頭部の背面が内側に入った曲線を示していて、鎌倉時代中頃から後期への時代の変化が板碑にもあらわれたものと判断されますが、高野山の早初期の板碑の源流をくむ形のものであり、同板碑が高野山側の石大工の手により成ったものであると考えます（図表 92 参照）。

鎌倉時代末期の板碑

次に紹介するのが、砂岩製の鎌倉時代末頃の遺品です。

板碑の上部のみの残欠品で、高さ 44 ㎝、幅 15.5 ㎝、奥行 10.5 ㎝です（図表 93 参照）。正面に梵字の「ウーン（阿閦如来）」を入れ、その下に「元応」と銘文があります。

【図表 93　元応年間の板碑】

元応とは、鎌倉時代の末頃の年号を示していると考えます。元応元年（1319）４月 28 日から改元で、同３年（1321）２月 22 日まで使用された年号です。本板碑は、中ほどより欠損していて他の部分は紛失しています。ただ、この遺品で注目されるのが板碑本体の形態です。正面だけを彫成して側面と背面を一体化したあらたたきのままにして、断

面をかまぼこ形の球形としている点です。この形態の板碑は、和歌山県岩出市の新義真言宗の総本山根来寺に複数の同様の鎌倉時代の遺品が遺存していて、根来型とも言うべき板碑です。おそらくは、根来寺周辺で造られたものが高野山へ運びこまれて造立されたものに違いありません。同タイプのものは、高野山ではこの一点だけです。

南北朝時代の板碑

【図表 94　康永 3 年板碑】

次に紹介する板碑も、高野山以外で造られたものが高野山に運びこまれて立てられたものです。緑泥片岩製で、高さ 185 ㎝、最大幅 84 ㎝、奥行 10.5 ㎝の板状です（図表 94 参照）。先に、同様の板碑は関東地方で多く造立されていたことを紹介しましたが、もう一箇所、高野山からみると海を隔てた四国の徳島県北部の吉野川沿いを中心として数千基の緑泥片岩製の板碑が集中します。これらは関東の板碑とは若干違う点があることから、阿波式板碑《あわしきいたび》と分類されています。

高野山山麓の紀ノ川と徳島県吉野川は同じ関東から続く緑泥片岩の岩石の秩父帯で、同石が産出します。紀ノ川域でも緑泥片岩製の板碑はみられますが、徳島とは違い多量に板碑が造立されることはありませんでした。

この高野山の阿波式板碑は徳島県吉野川付近で造られたものが、高野山へ運ばれて造立されているのです。銘文は、碑面中央に大きく蓮弁を配した上に「南無阿弥陀佛」を刻し、向って右に「為自身順次往生并亡妻亡息追善也、奉謝二親三十三廻」、左に「恩徳阿州国府住人、康永参季甲申暮春中旬沙弥覚佛敬白」とあります。南北朝時代の康永 3 年（1344 北朝年号）3 月（暮春《ぼしゅん》は別名）中旬に、阿波国国府（徳島市国府町付近）住人の覚佛が、亡き妻子と父母の 33 忌と自身の往生のために造立した板碑であることが知られるます。これ程の大型の板碑を高野山まで運び込んだことは、弘法大師信仰のあらわれでもあり、相当の実力者であったことなどが伺えます。

⑧　笠塔婆

笠塔婆《かさとうば》とは

笠塔婆とは、柱状か板状の背の高い塔身の上に笠をのせた形のものをいいます。この笠塔婆は塔身だけが残り、笠が亡失したものがみられます。その遺品には、笠をつなぐ枘が存在して元は笠塔婆として造立したものと判断されます。

古くは、平安時代後期から遺品がみられます。最古の在銘品とされている笠塔婆は、熊本市本光寺の安元元年（1175）笠塔婆です。高野山においては、以下の 4 基が見出されています。

高野山奥之院最古の在銘笠塔婆

先ず挙げられるのが、南北朝時代の永和元年（1375）の紀年を有する笠塔婆です。砂岩製で、方柱状の塔身のみを残します。基礎はなく、塔身を地中に埋め込む埋込式となっています。

法量は、高さ 79 ㎝、幅 18 ㎝、奥行 18.2 ㎝を計ります。上端に別石の笠を受けるための、高さ 3.8 ㎝、径 7 ㎝の枘を造り出しています。笠は亡失してありません。

【図表 95　永和元年笠塔婆】

碑面の正面上部には籠字《かごじ》（文字の輪郭だけを線書した字）に刻した地蔵菩薩をあらわす梵字の「カ」をいれ、その下には高さ 16 ㎝、幅 10 ㎝、深さ 3 ㎝に方形にほりくぼめています（図表 95 参照）。

銘文は、正面に、「為禅尼上智聖灵、奉造立沙弥蓮阿」、向って左側面に「永和元年乙卯七月日」とあります。

南北朝時代の北朝方の年号の永和元年（1375）を使用しています。

禅尼上智と沙弥蓮阿は夫婦であったと

推測します。銘文は、禅尼上智の聖灵（霊）のために、夫である沙弥蓮阿が同年７月に立てた笠塔婆であることを明示します。

伝承によると、正面の方形にほりくぼめた部分に耳をあてると、地獄の叫音が聞けるとされています。このほりくぼめた中には、別に造られた尊像がはめ込まれたものと考えます。

それは、以下に紹介する２基の笠塔婆から類推されます。

はめこまれた尊像は、石造か木製のいずれかであったと考えます。あるいは、ほりくぼめた中に造り出されていた尊像が、後世に抜き取られたことも考えられます。

尊像については、地蔵菩薩であったことが上部に刻された梵字と、これも以下に紹介する２基の笠塔婆により類推されます。

地蔵菩薩は冥府の閻魔王の本地仏ですので、上記の伝承が成った理由もわかります。なお、本笠塔婆は和歌山県指定文化財でもあります。

永和２年の笠塔婆

次に紹介する笠塔婆も、上記の遺品と全く同じ意趣で造立されたもので、石材の違いの他はほぼ同一の遺品です。

南北朝時代の永和２年（1376）の紀年を有する笠塔婆です（図表 96 参照）。

【図表 96　永和２年笠塔婆】

花崗岩製で、方柱状の塔身のみを残しています。基礎はなく、塔身を地中に埋め込む埋込式となっています。

法量は、高さ 70 ㎝、幅 18.2 ㎝、奥行 18.2 ㎝を計ります。上端に別石の笠を受けるための、高さ５㎝、径６㎝の枘を造り出しています。笠は亡失してありません。

碑面の正面上部には月輪の中に地蔵菩薩をあらわす梵字の「カ」を入れ、その下には方形に彫りくぼめた中に地蔵菩薩坐像を陽刻します。

銘文は、正面に「為禅尼上智聖、奉造立沙弥蓮」、向って左側面に「永和二年丙辰七月」とあります。南北朝時代の北朝方の年号の永和2年（1376）を使用しています。

一部の銘文が欠損しますが、はじめに紹介した笠塔婆と同一の銘文であり、一年の間隔をおいて再度同一タイプの石塔を高野山奥之院に造立したことがわかりました。石塔の造立は、一度だけでなく可能性として年回法要の度に造立したこともあったことが本遺例により明らかとなりました。

本例の場合は永和元年（1375）7月が禅尼上智が亡くなった祥月命日であり、その時に笠塔婆が造立され、さらにその一年後の永和2年（1376）の同月が亡くなってから一周忌の時にも、同様の笠塔婆が造立されたものと考えられます。

石塔の造立のパターンは種々のケースがあったことが、この2基の笠塔婆により指摘されます。同様のケースとしては、高野山山麓の九度山町慈尊院地区の永正17年（1520）6月と同年10月の銘文がある同じ法名を持つ同一タイプの一石五輪塔が挙げられます。

この場合は、6月が死亡した時点で造立された一石五輪塔で、10月の方が百ヶ日法要に際して造立された一石五輪塔と考えられます。

永徳元年笠塔婆

次の3番目に紹介する笠塔婆は、筆者が30年程前に見出したもです。

現在は所在不明となっています。本遺品も前記の2基に関連する笠塔婆です。

方柱状の形態は同じですが、石材が違っていて緑泥片岩製です。塔身のみを残し、基礎はなく、塔身を地中に埋め込む埋込式となっています。碑面の正面上部には月輪の中に籠字の梵字の「カ」を入れます。

その下には光背形に彫りくぼめた中に、地蔵菩薩坐像を陽刻します。

銘文は、正面に「奉為上総入道蓮阿、藤原氏女上智造立」、向って左側面に「永徳元年五月」とありました（図表97参照）。

これによると永和元年（1375）7月には亡くなっていた禅尼上智が、夫であろう蓮阿のために永徳元年（1381）五月に造立した笠塔婆ということになります。

なんとも不可解なことになりますが、実は中世社会においては、このような事例もあることを、本遺品は現代社会に明示しています。

極めて重要な問題点を今に示唆していますが、この点については後述の考察の別項にて検証します。

禅尼上智は、永徳元年（1381）五月に至るまでもちろん生きていたのです。

本遺品は、永和元年（1375）を祥月命日とすると、その後の６年目となり年忌としては七回忌に該当します。

【図表97　永徳元年笠塔婆】

石材の違い

なお、この３基の笠塔婆の石材が砂岩・花崗岩・緑泥片岩の３種であることは、石材の違いはあったものの、作成した石大工は同一か同一系統の人物であったことが指摘されます。

石大工は、石材の違いにより違うことはなかったのです。このことも重要で、砂岩・花崗岩・緑泥片岩の３種の石材は産出地がそれぞれ違います。

つまり、石材は石大工の手元に集められていたことがこれによりわかります。おそらくは、高野山の山麓の慈尊院付近に石大工はいて、石塔造立の施主の注文に応じて作成していったのではないかと、本遺品によりこれも推定します。

朝鮮陣敵味方供養塔

最後に４番目の笠塔婆として、慶長４年（1599）薩摩の島津義弘・忠恒父子が造立した朝鮮陣敵味方供養塔が挙げられます。

本笠塔婆は砂岩製で、塔身は高さ 223 ㎝、幅 81 ㎝、奥行 27 ㎝で、高野

【図表 98　朝鮮敵味方供養塔
（笠塔婆）】

【図表 99　同塔を調べる町人風の人物
（『紀伊国名所図会』）】

山では最大規模の大きさの笠塔婆です（図表 98 参照）。

碑面の正面には、慶長の役における島津軍の活躍が明記された、長文の銘文が刻されています。

中央上部には胎蔵界大日如来をあらわす梵字の「アーンク」を大きく入れて、その下には「為高麗国在陣之間敵味方闘死□□皆令入仏道也」とこれも大きく刻します。

島津軍は戦の度ごとに、敵味方の供養を行うことを常としていました。慶長の役におけるあまりにもの敵方の犠牲者の多さから、高野山奥之院への笠塔婆の造立となったものと考えます。

近代に入り、世界に先駆けて我が国には赤十字思想があったとして、本塔は今に至るまで特に著名となった石塔でもあります。

⑨　層塔

層塔《そうとう》とは

層塔とは、三重塔、五重塔というように屋根が何層かになっている塔のことです。

偶数のものはなく、奇数に積み上げた多層の塔です。頂上には相輪を立てます。奈良時代からから遺品がみられます。

木造では有名な奈良法隆寺の五重塔が最古のもので、石造では東近江市石塔町の石塔寺三重塔が最古期の遺品として挙げらます。

初重の軸部には、塔の本尊となる四方仏を梵字か像容であらわすものが多くあります。

御所の芝の鎌倉時代の層塔２基

高野山においては、１基の在銘の層塔が見出されています。

所在は奥之院の御廟前の御所の芝です。砂岩製で、鎌倉時代の延慶《えんきょう》２年（1309）造立のものです。現状は、８層となっていますが、元は９層の層塔であったと推測されます。

初重の軸部四面には、像容で仏坐像を刻しています。

銘文は基礎に、

　為有頂無間、普皆廻向也、延慶二年六月

　十六日施主教善、勧進聖来善

と５行にわたってあります（図表100参照）。

御所の芝には、もう１基無銘ですが、この延慶２年（1309）と同一タイプをした層塔があって、御廟を前にして左右２基が造立された可能性を含んでいます。

【図表100　延慶２年層塔銘文】

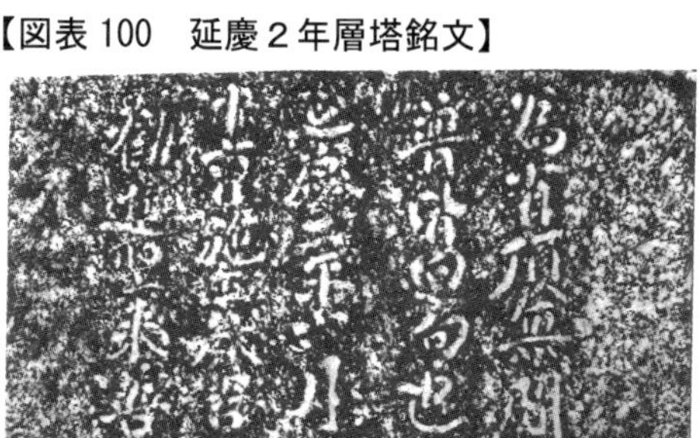

（『紀伊国金石文集成』）

高野山遍照光院の層塔

無銘品では、高野山遍照光院の層塔が第一に挙げられます（図表 101 参照）。

【図表 101　高野山遍照光院層塔】

鎌倉時代の遺品で、細部にわたり優れた手法を示しています。相輪の一部を欠損している他は造立当初のままに現存します。

9 層で、初重の軸部四面には、本尊である薬師・釈迦・阿弥陀・弥勒の各如来を梵字であらわし、その梵字は月輪で囲み、蓮華座上に配します。

基礎の 4 面には輪郭を巻き、格狭間を入れます。その格狭間内には、初重の軸部の本尊の脇侍の 2 尊が、同じく梵字であらわされて、月輪で囲み蓮華座上にあります。

薬師如来の面の基礎には日光・月光菩薩、釈迦如来の面には普賢・文殊菩薩、阿弥陀如来の面には観音・勢至菩薩の梵字が刻されています。

問題が弥勒如来の面で、基礎には梵字の「ウン」が二つ並んでいます。この「ウン」は弥勒菩薩の脇侍を示していることは間違いありませんが、いずれの尊像であるか不明です。

法量は、総高 317.5 ㎝、基礎の高さ 33.5 ㎝で幅 65 ㎝、初重の軸部の高さと幅 37 ㎝、初重の軸部の高さを除いた 9 層の高さが 197 ㎝、相輪の高さ 50 ㎝です。

朝鮮敵味方供養塔側の三重の層塔

この他に、前記紹介の慶長 2 年（1599）朝鮮敵味方供養塔の側に造立されていた朝鮮系の 3 層の層塔は、石材が軟質の凝灰岩で、琉球からの石材とされていました。ただ、近年の台風で倒壊してしまいました（図表 104 参照）。現在は、復元された層塔が立っています（図表 102 参照）。

なお、これまで慶長 7 年（1602）の 5 層の層塔とされていた奥の院の遺品は、「慶長七季、阿闍梨玄清、七月十四日」と銘文がある初重の軸部が、実は五輪塔地輪の転用であることが判明しました。

これは、近年の同塔の倒壊によりわかったことで、この部分のみが砂岩で、他が全て花崗岩でした。

ただ、この五輪塔地輪は貴重で、中世における高野山及びその周辺の五輪塔地輪の上端には、水輪を受けるための枘孔がありますが、この慶長７年（1602）の遺品には無く、逆に水輪を受けるための枘の機能を持つ突起がありました。

中世の五輪塔と江戸時代のものとの構造の違いが明らかな点がこれで、管見ではこの慶長７年（1602）五輪塔の事例が初出です（図表 103 参照）。

【図表 102　朝鮮敵味方供養塔側に立つ層塔】

【図表 103　慶長７年の五輪塔地輪】

【図表 104　倒壊した層塔（手前）】

⑩　無縫塔

無縫塔《むほうとう》とは

無縫塔とは、鎌倉時代の初めに中国の宋から輸入された形式のもので、塔身が卵形で縫い目がないという意味で名づけられています。

古くは禅宗の開山クラスの墓塔として用いられましたが、その後は宗派を越えて、多くは僧侶の墓塔として造立されました。

多賀谷重経の無縫塔

高野山においては、１基のみ見出されています。砂岩製で、塔身高さ 88 ㎝、幅 54 ㎝、基礎高さ 23 ㎝、幅 50 ㎝で、総高は 111 ㎝を計ります（図表 105 参照）。

本塔は、常陸国下妻城主（茨城県下妻市）多賀谷重経《たがやしげつね》が逆修をして造立したものです。

文禄３年（1594）の紀年と、多賀谷重経の法名である「為覚心祥円大居士逆修」と、「たかや志ゆりの大夫平志けつ祢」（多賀谷修理大夫平重経）などと重経の氏名・官途と本姓の平氏を刻します。

【図表 105　多賀谷重経の無縫塔】

戦国武将の多賀谷重経が、なぜ僧侶でもないのに無縫塔を造立したの不明です。

高野山においては、戦国武将たちは五輪塔が大半で、まれには宝篋印塔を造立していて、その点において珍しい遺品です。

銘文も特殊でかな書きとなっています。この点も、高野山の奥之院の石塔では他に類例がありません。

⑪　石幢

石幢《せきどう》とは

石幢とは、仏堂内にかける幢という六角や八角に布を垂れる旗から出たもので、単制と複制の２種があります。

単制は幢身と笠だけの構造となりますが、複制のものは幢身の上に中台を置き、仏像をあらわす龕部と、その上には笠を乗せます。

一見すると石燈籠に酷似しますが、性格は違って多面体の笠塔婆というべき種目の石塔です。南北朝時代ころから六地蔵を刻出する六地蔵石幢があらわれて、室町時代になると複制石幢で六地蔵を造立するようになります。

地蔵菩薩については前に、閻魔大王とイコールであると触れました。

六地蔵とは、地獄道・餓鬼道・畜生道・修羅道・人道・天道の六界にいて人々を救うと信じられていた６体の地蔵菩薩ということになります。

今でも、墓地の入口にこの６体別々につくられたの六地蔵があるのを見ます。

これらは、ほとんどが江戸時代以降のもので、中世に造られたものはありません。それで、六地蔵は石幢の形式のものが先行してあったことが指摘されます。六体別々の六地蔵はその後に出てきたものなのです。

高野山の室町時代の石幢

高野山においては、１点だけですが、複制石幢の龕部《がんぶ》の残欠が見出されています。

緑泥片岩製で、龕部の半分程を残しています。地蔵立像が刻されていています。高さは 30cm 程です。無銘品ですが、全体の手法は室町時代の遺物と判断されます。

緑泥片岩製の六地蔵六面複制石幢は、高野山周辺では奈良県五條市畑田町の西福寺に、永正８年（1511）の紀年のある遺品が挙げられます。

上記の奥之院発見のものも、刻された六地蔵がその永正８年（1511）在銘の遺品と酷似していて、同時期のものと推定されます。

⑫　石室

石室《せきしつ》とは

石室とは、内部に石塔や石仏をまつるために石材で構築した小建築物のことです。全国的には、鎌倉時代からその遺例がみられます。安土桃山時代になると、木造建築をみるような石材で造った石廟《せきびょう》が現れます。

結城秀康《ゆうきひでやす》とその生母の長勝院《ちょうしょういん》の石廟

その代表ともいえる石室が、高野山奥之院にある徳川家康の次男の結城秀康とその生母の長勝院の石廟の２棟です（図表106参照）。

【図表106　結城秀康・長勝院石廟】

国の重要文化財に指定されています。

結城秀康は越前国等に75万石を有した大大名で、その経済力を見せつけるような石廟となっています。

先ず注目されるのが、石材が越前で産出する凝灰岩《ぎょうかいがん》の笏谷石《しゃくだにいし》が使用されていることです。遠く、越前国から高野山へ運ばれたことがわかります。作風もすばらしく、一見して木造建築を思わせるものとなっていて、屋根瓦をも笏谷石でできています。

向って右の入母屋造で唐破風つきが結城秀康の石廟で、左の切妻造のものが生母長勝院のものです。壁面には、仏菩薩像、天人像を浮彫して荘厳さを際出させています。

結城秀康の石廟

秀康石廟の正面の左端の柱には「慶長十貳丁未暦閏四月八日　令建立

之」と秀康の没年月日の銘文を刻します。慶長12年（1607）の秀康没後直後に造立された石廟とわかります。

その銘文のある柱から中央に向って右側の３本の柱にも銘文があります。

【図表107　結城秀康石廟（背面から）】

順に紹介しますと、「御施主従四位上右近衛権少将源朝臣忠直　奉為先考造立之者也」、「奉為越前国主金紫光禄大夫前黄門源朝臣秀康公菩提矣」、「新田前征夷大将軍従一位前右大臣源朝臣家康公男」と刻しています。

なお、これら正面の四つの柱に刻された銘文には、金箔も入れられています。秀康の石廟そのものを造立したのが、秀康の長男の松平忠直であることなどを明記しています。結城秀康の石廟の法量は、幅12m7㎝、奥行８m5㎝、高さ３m96㎝です。小さなお家のようです（図表106参照）。

結城秀康の石廟内部の装飾と石塔

秀康石廟内は、柱・天井に彩色絵様が施されています。内部には、正面中央に松平忠直が父秀康のために造立した宝篋印塔があり、その左右には秀康に殉死した２人の家臣の宝篋印塔が立っています。

特に、秀康の宝篋印塔は、全面に金箔が施されていて、金色に輝いています。石塔では、このような全面金箔の事例は全国的に見ても他ではありません。その秀康塔の塔身は刳り貫かれて、笏谷石製の円筒形石製容器が納められ、その中には秀康の頭髪が入っていました。

宝篋印塔の銘文は、先に紹介した石廟の柱の銘とほとんど同様で、「浄光院殿森巌道慰運正大居士神儀、慶長十二丁未暦、閏四月八日也、従四位上右近衛権少将、源朝臣忠直、奉為先考造立之、新田前征夷大将軍、従一位前右大臣源朝臣、越前国主金紫光禄、五之室、宿坊大徳院、蓮花院、大臣源臣秀康公」とあります。

石廟内部の家康長男の信康と仙千代の宝篋印塔

その正面手前の左右側面にもそれぞれ宝篋印塔があります。左側が徳川家康の長男の信康のもので、銘文は、「三州岡崎松平三郎殿御菩提、施主平岩□□□、為隆岩長越大居士、慶長五年庚子二月十五日、宿坊五之室大徳院」とあります。

右側が家康の８男で早世した仙千代のために造立されたものが立っています。銘文は、「三州岡崎松平殿、仙千代殿菩提也、為高岳院殿花窓林陽大童子、施主平岩主□□、慶長五年庚子二月七日、宿坊五之室大徳院」とあります。

石廟内の砂岩製の宝篋印塔

ここで注目されるのが、この５基の宝篋印塔が越前で産出する笏谷石ではなくて砂岩製ということです。後述する長勝院石廟内部に刻された銘文中に、「越前石屋大工西右衛門」とあり、秀康石廟には「石屋大工　与右衛門　小工孫右衛門」とあり、石廟を造った石大工も石材である笏谷石とともに越前の地元から高野山へ来て、本石廟ができたことを明示しています。

そこで、肝心の内部の石塔の石材が別のものの砂岩となると、石塔そのものは越前の石大工ではなく、高野山側の石大工により造立されたと解釈されます。慶長頃における高野山の石塔は、砂岩製のものが多くみられるからです。

二つの石廟は、四十九院と呼ばれる弥勒の浄土におられるとされる 49 の仏菩薩を梵字等であらわした石柱が取り囲み、それぞれの石廟前には石鳥居が立っています。

この形式は、高野山の大名墓にみられるもので、いわば高野山式ともいえるタイプのものです。そこには、高野山側の指導でそのようになされたことを示しています。

笏谷石でできた石廟という独自性をみせながら、実は高野山の葬方で石塔が造立されたことが指摘されます。そこで、最も大切な石塔の造立については高野山側に委ねられたものと解されるわけです。

これまで、越前の石大工の手により成ったとされる本石廟は、実は越前側と高野山側の共同で造られたことが指摘されます。

長勝院の石廟

【図表108　長勝院石廟（背面から）】

次に、長勝院の石廟は、法量が幅9ｍ78㎝、奥行7ｍ98㎝、高さ3ｍ56㎝です（図表108参照）。

石廟の正面の左端から3本の柱には、「菩提樹下成仏塔」、「施主越前太守建立□慶長九年□□□」、「三河国千鯉鮒住奉為藤原女君逆修営塔」と銘文を刻します。

慶長9年（1604）に秀康が造立したことなどを明示します。

長勝院石廟内の石塔

石廟内部には、正面中央に秀康が生母長勝院のために造立した砂岩製の宝篋印塔が立ちます。

銘文は、「三河国千鯉鮒住藤原女君、松室妙裁大姉、北陸道越前大守御悲母、慶長九甲辰、八月15日、越前宰相御為悲母逆修、宿坊五之室大徳院昌阿」とあり、銘文と梵字には金箔を入れています。

正面左側にも砂岩製の宝篋印塔が立ちます。被供養者は長勝院の里方の人物と思われます。長勝院は徳川家康の側室でお萬《まん》と称し、三河国千鯉鮒《ちりゅう》（愛知県知立市）を本貫（出身）とする永見志摩守の女子でした。

銘文は、「三河国千鯉鮒住人、積翁等善大居士、藤原朝臣右武衛、慶長甲辰九年、十一月十六日、ナカミタラウヒヤウヘトノ（永見太郎兵衛殿カ）」とあります。これも、銘文と梵字には金箔を入れています。

正面右側には、秀康の妹の智光院のために母の長勝院が造立した、元和5

年（1619）花崗岩製の五輪塔が立っています。

銘文は「為智光院殿、宝樹春花、大禅定尼、越前宰相様御妹、施主御袋様、元和五年、宿坊、五室、大徳院、五月廿一日」とあり、梵字に金箔を入れています。本五輪塔は、慶長９年（1604）の石廟完成後に追葬されたものです。

石材が花崗岩であることは、本五輪塔も高野山側で造立したものであると考えられます。この元和頃の高野山の大名墓のほとんどが花崗岩製であり、長勝院の求めに応じて石廟内に造立したものであると考えます。

また、長勝院石廟の左側面には、高野山大徳院昌阿上人が造立した、慶長９年（1604）８月 15 日の阿弥陀仏立像刻出の三界万霊供養の板碑が立っています。本塔のみが笏谷石製です。阿弥陀仏立像を刻出するために、砂岩ではなく越前の笏谷石を使用したものと推定します。

前記の通り、笏谷石は凝灰岩で、石質が細かく軟らかくて細かな細工には適した石材だからです。本塔は、昌阿上人のすすめにより、石廟内に造立したことも考えられます。

これほどの大掛かりな石廟を造った功徳を、被供養者だけで独占させることなく、広く一般にもその御利益があるべく造立した板碑と推理します。

銘文は、「妙清、慶長九季甲辰、八月十五日、三界萬霊有縁無縁六親法界、道祐禅定門常賢禅定門、昌心禅定尼妙順妙正妙見禅尼、浄阿弥陀仏円阿弥陀仏遊阿弥、玉藏司施主大徳院昌阿上人永日」とあります。

銘文は刻した中に、墨を入れています。その板碑の隣には、花崗岩製の一石でできた半截五輪塔があり、梵字には金箔を入れて銘文は朱で施されていますが、判読できない状態です。

なお、石廟は造立後も度々、修復が繰り返されたこともわかっています。

二つの石廟内の銘文には、「天保十四年」「再修」など銘文があり、幕末に修理をしたことを明記しています。明治以降も、モルタルによる修理等がなされています。

また、石廟内部には色彩絵様が施されているとは先に触れましたが、外壁にもわずかながら一部に朱色の彩色が認められます。おそらく創建当時は、煌びやかな彩色を呈した極めて目立った存在だったことを伺わせます。

⑬　石燈籠

石燈籠《いしどうろう》とは

石燈籠とは、仏堂や神前の前に立てて、献燈する器具のことです。石燈籠の構造は、火をともす火袋の下に中台・竿・基礎があり、火を高く見せます。火袋の上には、笠をかぶせて頂上に請花と宝珠を付けて荘厳します。

もともと石燈籠は中国に起源があるものですが、我が国では奈良時代から遺品が見られます。ただ、中世以前の遺品は少なくて貴重です。1基だけを立てるのが古製で、2基1対にするのは安土桃山時代以降からとされています。

鎌倉時代の絵画資料に見える奥之院の石燈籠

鎌倉時代の高野山の様子を描いた屏風として知られています、国指定重要文化財の旧高野山金剛三昧院蔵の高野山山水屏風《せんずいびょうぶ》（堂本印象画伯の所蔵を経て、現在は文化庁蔵）には、奥之院の御廟前に1基の石燈籠が描かれています。

この石燈籠の所在はわかりませんが、高野山においても鎌倉時代の遺品があったことを知らせる、貴重な絵画資料となっています。同石燈籠は白色で彩色されています。その色からは石材が花崗岩製であったことが推測されます。

鎌倉時代の文献史料に見る弘安2年の石燈籠

他方、文献史料においても鎌倉時代の高野山御影堂《みえどう》に石燈籠があったことを示すものが残っています。それが、『大日本古文書』家わけ第一の『高野山文書』に収録の続宝簡集にある古文書です。

その中の、弘安2年（1279）正月25日「光廣御影堂燈爐油田寄進状」に、「寄進　御影堂石燈爐御油田事」とあります。弘安2年（1279）の時点で、高野山の御影堂前に石燈籠があって、その火を灯すための油田が寄進されていたのです。

この他にも同様の寄進状として続宝簡集には、弘安２年８月10日「僧弘覺御影堂燈爐油田寄進状」、弘安２年10月21日「僧親近御影堂燈爐油田寄進状」があります。

文永５年の石燈籠の存在の可能性

この３通の文書史料が、共通の紀年の弘安２年（1279）であり、この時に御影堂前の石燈籠ができたとする推理も可能となりますが、それよりさらにさかのぼらせる史料があります。

それが、同じ続宝簡集の中にある、文永５年（1268）６月１日「阿闍梨明澄御影堂燈油田施入状」です。同文書の文中に、「一夜夜燈料所令寄進田也」とあり、一夜夜燈とは石燈籠のことではないかと考えられます。

そうなると既に文永５年（1268）には、御影堂前に石燈籠が存在したことになります。

奥之院と御影堂前の石燈籠

高野山奥之院の御廟は空海ご自身（御霊《みたま》）を拝むところで信仰をあつめましたが、高野山の御影堂は空海の御影が祀られているところで、大師のお姿を拝む場所として平安時代末から鎌倉時代にかけて信仰が盛んでした。

この御影堂と奥之院とに中世にさかのぼる石燈籠があったことは、高野山にとってはまさに理にかなったことなのです。

前記の旧高野山金剛三昧院蔵の高野山山水屏風においても、三鈷の松に隠れて見えづらいのですが、１基の石燈籠が御影堂前に描かれています。色は白色であり、奥之院の御廟前の石燈籠と同じく、石材が花崗岩製であったことを伝えています。ただ、この御影堂前の石燈籠も現存しません。

そして、この御影堂前の石燈籠については、奥之院の御廟とは違って、１基だけではなくて複数の石燈籠の造立があったことが、日野西眞定先生の研究により指摘されています。

奥之院御廟前には拝殿（現在の燈籠堂）における釣燈籠の献燈がありましたが、御影堂においては石燈籠における献燈がなされたのでした。

現在も御影堂前には10基程の江戸時代の石燈籠が残っていますが、それらはそのことの名残と考えられます。

将来における古遺品の発見に期待したいものです。

先に、石燈籠の造立は１基の造立を古制と記しましたが、一部に例外があります。それが奈良市の春日大社で、その数 1,800 基を越える石燈籠が、鎌倉時代から中世の各時代を経て近世まで造立されています。

これは明らかに、万燈を献じる目的で争って石燈籠を寄進した結果です。高野山の御影堂においても同様のことが行われ、石燈籠が寄進されたことがわかります。

【図表 109　慈尊院弥勒堂前の石燈籠】

慈尊院の弥勒堂前の石燈籠

また、高野山山麓の慈尊院《じそんいん》の弥勒堂においても、同様の意味で同堂前に石燈籠が造立されています。

同堂前には室町時代初めの応永８年（1401）石燈籠が１基立っていて（図表 109 参照）、その近くには同じく室町時代の別物の石燈籠の残欠があり、江戸時代の石燈籠が 10 基程同堂前に造立されています。

高野山に現存する５基の古遺品の石燈籠（残欠）

現存する高野山の石燈籠は、５基の残欠品と一対の在銘品です。

先ず挙げられるのが、北室院にある石燈籠の中台です（図表 110 参照）。

【図表 110　高野山北室院の石燈籠（残欠）】

緑泥片岩製で、法量は高さ 13.4㎝、幅 41㎝です。底面中央に、竿をうけるための径８㎝、深さ 6㎝の枘孔をうがっています。下部は蓮弁を造り出して、側面は六角形に造っていま

す。

【図表 111　高野山浜田屋庭の石燈籠（残欠）】

その側面は２区に分けて、輪郭を巻き、菱形の文様を輪郭の中にレリーフします。上端は２段に造っています。全体に重厚さがあり、南北朝時代の遺品と推定され、現存では高野山最古の石燈籠の残欠です。

緑泥片岩製の石燈籠としては、高野山の周辺では、奈良県五條市中之町の御霊神社の弘和２年（1382）在銘の遺品が同じ南北朝時代のものとして挙げられますが、これは四角形の石燈籠であり、北室院の石燈籠の方が六角形で精巧に造られています。

この北室院に南北朝時代の石燈籠の残欠が見出されたことも重要なことになります。奥之院や壇上だけでなく、高野山の塔頭寺院でも石燈籠が造立されていたことになります。さらに将来に発見の可能性を秘めています。

また、先に石幢の項目でも触れましたが、高野山における緑泥片岩製の石塔類の存在は注目されます。石幢だけでなく石燈籠においても同じく緑泥片岩製の古遺品の存在が指摘されます。後でも触れますが、奈良県五條市における石塔の石材は緑泥片岩製のもので占められています。同地周辺と高野山が石造文化圏として互いにあったことがわかります。

次に、高野山内の浜田屋宅庭に手水鉢として転用されている、石燈籠の中台が挙げられます（図表 111 参照）。砂岩製で、法量は高さ 21 ㎝、幅 81 ㎝。下部は蓮弁を造り出して、側面は六角形に造ります。室町時代中期頃の遺品と推定します。この他、残欠品として室町時代の中台が２基（砂岩製・凝灰岩製）と、緑泥片岩製の基礎の１基が見出されています。

いずれも六角形のもので、その中の基礎については、先に紹介した六地蔵を刻した石幢の残欠品である可能性もあります。

在銘最古の前田利長の石燈籠

在銘品では、加賀前田家の前田利長の大名墓の前に納められた一対の石燈籠だけで、それが高野山における在銘最古の石燈籠です。慶長19年（1614）5月20日の紀年銘があります。

珍しいのが、左右で石材が違う点で、向って左が花崗岩製、右が砂岩製です（図表112参照）。

前田利長の五輪塔は、利長が死亡した慶長19年（1614）5月20日の一年後の一周忌の、同20年（1615）閏6月20日に造立されたものです。

そうなると、石燈籠の銘文に従えば、利長没後すぐに石燈籠が五輪塔に先立って造立されたことになります。

石燈籠のみの造立とは考えがたく、五輪塔に先行する何らかの利長を供養する施設が設けられて、それに献燈するための石燈籠であったはずです。このことは、高野山における五輪塔造立の問題にも関わる重要な問題点をも示唆しています。

前田利長の五輪塔は、花崗岩製であり、五輪塔と同時に石燈籠を造立したのであれば、一対の石燈籠は両者ともに花崗岩製であったはずです。一対の石燈籠の石材が、花崗岩と砂岩である理由はそう考えれば納得されます。

先に造られた石燈籠は、石材の都合で花崗岩と砂岩とでできたものと推定されるのです。

【図表112　前田利長の石燈籠】

花崗岩製

砂岩製

⑭　石造華瓶

石造華瓶《せきぞうけびょう》とは

華瓶とは、神前・仏前に供える生花を立てる器のことです。高野山周辺地域には、江戸時代の石造華瓶が広く分布します。この分布がどの程度の広がりをもつかは、今後の課題です。この華瓶については、石塔や石造物の研究者は研究項目としては挙げられていませんが、実際に高野山以外の各地でも調査しますと、江戸時代の在銘品が見出されます。それで、特に一項目として本書では取り上げました。

高野山山麓の九度山町では、25 基の江戸時代の在銘品が見出されました。中世の石造物としては、全国的にみても以下に紹介する高野山の 1 口の遺品の他は、報告を見ません。

天正 20 年石造華瓶《せきぞうけびょう》

その高野山の遺品は、極めて緻密な良質の砂岩でできています。

表面の磨きもすばらしく極めて緻密に調整していて、本遺品は我が国の中世の石造物中、最も秀作の作品であると判断します。石大工の技を今によく伝える遺品であり、当代石材工芸の頂点を見せつけるものとなっています。

【図表 113　天正 20 年石造華瓶】

形式は、広口で頸が細くて胴が張り、下方に細くなります。

底部に枘を造り出していて、造立当初は別石の基礎にはめ込んで立てられていたことがわかります。

おそらく、蓮弁の反花座に置かれたものでしょう。その別石の基礎は、今のところ認めることができません。

広口の一部は欠落し、広口部分が本体と 2 分されて割れています。

法量は、総高91.3㎝、広口の最大幅41㎝、胴の最大幅36㎝。枘の高さ9.2㎝、幅9.4㎝。広口中央に、深さ26.4㎝で径12㎝の円形の孔をうがちます。この孔に、生花が立てられたことがわかります（図表113参照）。

正面と思われる面に「奉南无大師御寶前大壽院敬白」と銘文があります。これにより、本華瓶が弘法大師空海の御廟前に置かれたものとわかります。

さらに、その背面にあたる面には、「泉刕鳥取庄御宿法印長傳、天正二十季壬辰、伍月吉日左近作」と銘文があります。

泉刕鳥取庄とは大阪府阪南市鳥取のことで、前記の崇源院の五輪塔を造った石大工の本貫地の泉州黒田村に隣接していて、同地にも多くの石大工がいたとされています。

天正20年（1592）の紀年と、石大工の名前の左近を刻していることは貴重です。

銘文の意味は、和泉国鳥取庄の大壽院住侶の長傳が、同地の名工の左近に命じて造らせた石造華瓶と解釈します。

御廟前にあった石造華瓶

現在の御廟前には、金属製の華瓶が一対ありますが、本華瓶が破損したことにより、取り替えられて廃棄されたものと思われます。

中世の石造華瓶は、板碑に刻された事例が鎌倉時代の埼玉県大里郡寄居町富田不動寺の康元2年（1257）板碑にみられます。それには、板碑の碑面いっぱいに梵字の「ア」を刻した下に、一口の華瓶を刻します。

前記の石燈籠の項でも記しましたように、一対をなすものより一つをかかげるものの方が古式であり、華瓶においても同様であったことがわかります。造立当時、御廟前に本華瓶が一つ奉納された様子がうかがえます。

また、この天正の華瓶より以前の、先行したさらに古い石造の華瓶の存在も考えられます。

天正20年(1592)になり、突然として御廟前に華瓶が奉納されたとは考えられないからです。

先に紹介した鎌倉時代の板碑に刻出された華瓶の事例が、その推定の援用となります。将来の発見に期待します。

⑮　石造露盤

露盤《ろばん》とは

露盤とは、木造の宝形造や円堂の屋蓋に据える建築部材のことです。その露盤を石造にしたものが奈良時代から見られ、それを特に石造露盤《せきぞうろばん》と称します。平安時代までのものは数基ほどしかなく、鎌倉時代に入って 20 基程が見出されています。その数は少なく、特殊な遺品といえます。

南北朝時代以降は、露盤は瓦製のものが使用されて石造のものが姿を消したとされていますが、一部の地域からは室町時代から江戸時代の遺品が見出されています。

石造のものは永久性があり、露盤を石造にした理由は、建造物が永遠に存続することを願ってのことだったと考えられます。建造物の頂点の部材として、その意味で石造にしたのでしょう。

高野山円通寺にあった石造露盤

高野山周辺では、山麓の九度山町慈尊院に鎌倉時代のものと推定される弥勒堂の石造露盤（砂岩製）があります（図表 114 参照）。

高野山においては、真別所円通寺の墓地にあったことが先学により報告されています。今となれば亡失の遺品ですが、復元すると（図表 115）のようになります。

砂岩製。六角形で、各区に輪郭を巻き、中に格狭間を入れます。一辺の長さは 36cm、高さ 14.5cm。格狭間の形はのびやかな鎌倉時代後期のもので、石造露盤そのものも同じ鎌倉時代後期の遺品と推定されます。

高野山では、現在のところ唯一見出された石造露盤です。高野山のように、平安時代からはじまり鎌倉時代へと仏教建築が群集した地点では、さらに将来に他の石造露盤の発見があるものと期待します。

本石造露盤で注目されるのが、露盤の形態が六角形ということです。今のところ、六角形の石造露盤は、この真別所のものの他には無いので、全国的にみても極めて貴重な事例となります。

真別所円通寺は空海の弟子の智泉《ちせん》の開基で、鎌倉時代の初めに奈良東大寺の再興を果たした俊乗房重源《しゅんじょうぼうちょうげん》により中興された寺院です。重源が再興したのは、一間四面の本堂・三重塔・食堂・湯屋の諸建築物とわかっています。

問題の石造露盤は、その重源の時代より半世紀は後の遺物です。しかも、重源の後に真別所は興廃したとされますが、この石造露盤の存在により、実はそれ以降も寺院として存在していたことが判明します。

また、石造露盤が六角形であることは、真別所円通寺に六角のお堂があったこともわかります。六角形の建物は納骨堂などで見られる建造物です。真別所に死者供養をする六角堂の建物があったことなどがわかります。さらに円通寺には、鎌倉時代の五輪塔の残欠品が 10 点程見出されています。

その中でも特に古い、同時代中頃の２点について実測図を挙げています。

【図表 114　慈尊院弥勒堂の石造露盤】

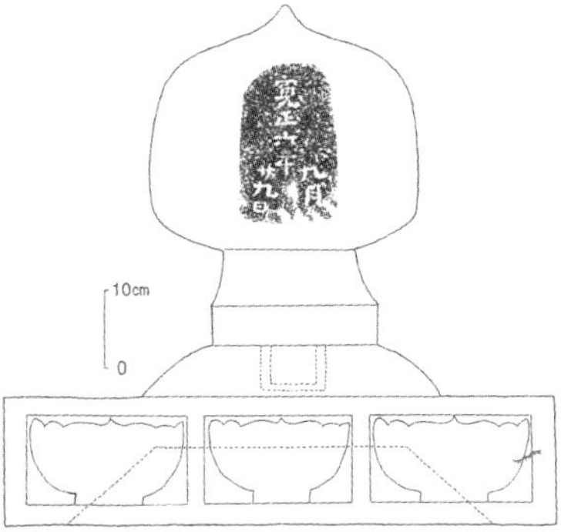

【図表 115　高野山円通寺の石造露盤（復元図）】

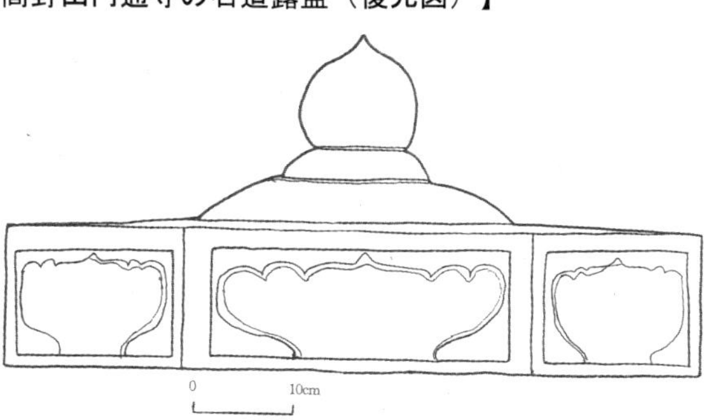

【図表 116　高野山円通寺の鎌倉時代
中期五輪塔空風輪実測図】

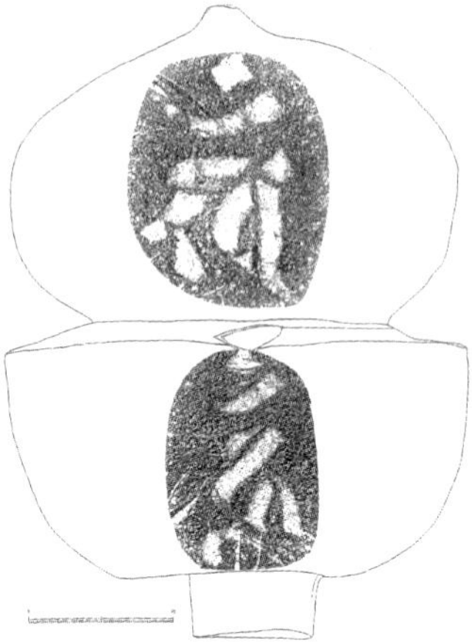

【図表 117　高野山円通寺の鎌倉時代
中期五輪塔水輪実測図】

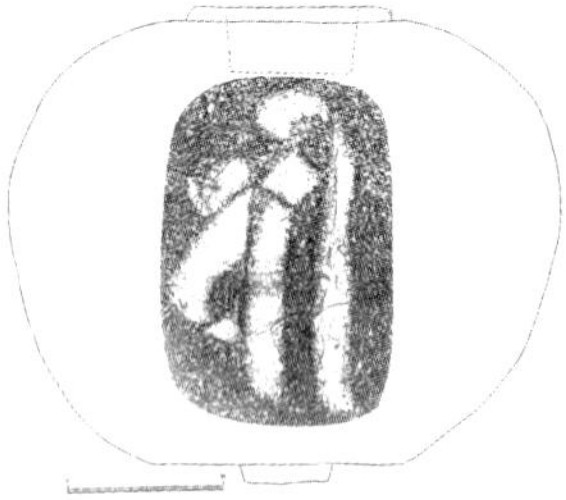

【図表 118　江戸時代の高野山円通寺の様子
（『紀伊国名所図会』）】

4 小考

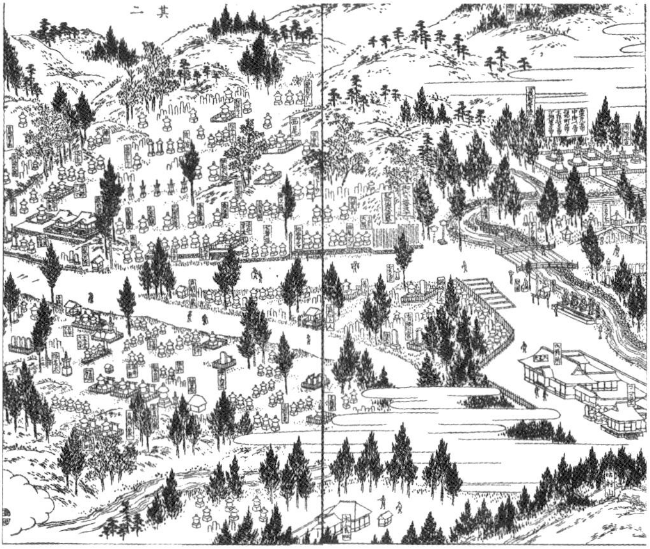

江戸時代の奥之院御廟橋付近の様子（『紀伊国名所図会』）

①　五輪塔の起源

空海の五輪塔

前記の五輪塔の項においても紹介しましたように、10 世紀末の康保 5 年（968）に成立した文献の『金剛峯寺《こんごうぶじ》建立《こんりゅう》修行縁起《しゅぎょうえんぎ》』によりますと、空海が入定して七七日（49 日）に、御廟において石匠が命じられて五輪塔を造立したことが明記されています。

空海の入定は承和《じょうわ》2 年（835）のことですので、文面通りを信じれば、この時に石造の五輪塔が造立されたこととなります。

ただ、9 世紀はじめの五輪塔資料が皆無であることから、入定の時ではなくて『金剛峯寺建立修行縁起』が記された、康保 5 年（968）頃に五輪塔の造立があったものと解釈できます。

それでも、前記の通り現存最古の石造五輪塔は、岩手県中尊寺釈尊院の仁安 4 年（1169）のものですので、その両者の開きは 200 年もあって、御廟の中で造立された五輪塔であり確認はできませんが、高野山の空海の五輪塔が最古の遺品となります。

そもそも、五輪塔とはこれも前記の通り、真言宗でいうところの真理をあらわす大日如来のシンボルで、真言宗の本場である高野山から五輪塔が派生したことは十分に考えられることです。

石造の五輪塔の起源を考察するときに考えねばならないことが、石造に先行して木製のものがあったことです。鎌倉時代の高野山奥之院の様子を描いたものと考えられる、高野山金剛三昧院旧蔵「高野山山水屏風」、「一遍上人絵伝」、「問答講本尊」などには、御廟までの参道の両側に町石と全く同じタイプの五輪卒都婆が群立しています。

「問答講本尊」などには、小型ではありますが五輪卒都婆を荷なう人物と、鋤を持つ人物が今まさに卒都婆を造立しようと地面を掘る様子が描かれています（図表 119 参照）。

このことは、奥之院に群立する五輪卒都婆が木製であることを暗示しています。

【図表 119　問答講本尊に描かれた高野山奥之院古絵図（筆者トレース）】

【図表 120　『高野大師行状図画』に描かれた高野山奥之院古絵図】

②　石造以前の木製の時代

五輪塔が高野山から発信

高野山の町石にしても先に木製のものがあったことは、既に記した通りです。その木製の町卒都婆の存在を確かめられる最古の史料が、『寛治二年白河上皇高野御幸記』です。

寛治２年（1088）に、白河上皇が高野山登山をした時の記録で、その中に「路頭に卒都婆札など立つ。町数を注す」とあります。「札」とあることにより、現状の町石とは違って奥行が小さいものの存在が考えられますが、正面から見た姿は同じであったことが考えられます。

そうなると、頭部に五輪塔を頂いた五輪卒都婆となり、寛治２年（1088）当時は既に高野山において五輪塔は珍しいものではなくて、普段に見られたことになります。

前記の弘法大師空海の御廟に立てられた石造の五輪塔が康保５年（968）頃の造立とすると、遅れること120年程です。その間に、木製の五輪塔（実は鎌倉時代の高野山古絵図にあるように五輪卒都婆形）が高野山において広く造立されていったものと推測します。

高野山以外では、この11世紀末頃の五輪塔資料が１点挙げられます。それが、京都醍醐寺の円光院跡地から、慶長11年（1606）に出土した金属製の五輪塔です。応徳２年（1085）の年号が入った石櫃の中に入っていたもので、近年の研究では五輪塔の事例が多い13世紀はじめ頃に掘り出されて新造された五輪塔が再納されたとする見解もありますが、上記の高野山における同時代の五輪塔の造立状態から考えると、そのような無理な解釈ではなくて、造立当初のままに五輪塔が出土したものと判断する方が妥当と考えます。

まさに、五輪塔は高野山から発信されて、全国に普及したことが指摘されます。

それでは、五輪塔ができる以前は、高野山はどのような状況であったのでしょうか。

その点についても町石と同一タイプをした木製の五輪卒都婆群の形状がヒントになります。

結論を先に言うと、原初の形は自然にある生木を奥之院において造立していたのではないか、ということです。

五輪塔形が卒都婆として使用されることになり、生木の頭部が五輪塔形に調製されて、その下には生木時代の名残の長い方柱状となったものと推測します。

この点については、既に仏教民俗学の提唱者の五来重博士により、次のような極めて注目すべき見解が示されています。

それが、「日本人が仏教以前に霊をまつり回向するためには、その依代として常磐木の枝を立ててヒモロギとし、石を積んで磐境とした。仏教が我が国に入り、常磐木が卒都婆となり、磐境の積石が石造の層塔となり、密教思想の五大思想と結合して五輪塔が造られた」であると。

高野山における卒都婆の変遷は、我が国における卒都婆の変遷でもあることを指摘したいと思います。このことは、1200 年の歴史を連綿と有する高野山だからこそ、わかるものかと思います。

我が国における石塔をはじめとする石造物研究は、インド・中国からの外来のスツーパ（stūpa）に源流を求める傾向にあります。

筆者の若い頃と違って、近年は石塔の研究者は増加しました。しかしながら、その大半の研究者の注目が朝鮮半島や中国の外国の遺物にあるように見受けられます。その研究方法が、アカデミックさがあるからと思われているのでしょうか。

しかも石塔の遺物を発見しますと、考古学的な手法から先ずは図面の作成に始まり、石材・石大工等の研究に走りがちのようにも見受けられます。

確かに、著者自身もその傾向があることは否定しませんが、問題点の究極にあるのは古の日本人の心の探求であることを強調したいと思います。

確かに、仏教からの影響により卒都婆が形成されていったことも、五輪塔の事例により事実ではありますが、その展開の底流には日本古来の信仰があったことを指摘したいと思います。日本人の仏教以前の原始信仰が底辺にあって、仏教化した石塔が展開していった様子が伺えます。

③　石塔に見る逆修信仰

逆転して造立した事例

次に、上記の笠塔婆の項で問題点として提示していた、被供養者と造立者がそれぞれ逆転して造立した事例があることについて触れたいと思います。

本件については３点の笠塔婆が見出されています。それを一表にすると、図表 121 のようになります。

【図表 121　逆転造立した笠塔婆】

No	造立年月	被供養者	造立者	石材
1	永和元年（1375）７月	禅尼上智	沙弥蓮阿	砂岩
2	永和２年（1376）７月	禅尼上智	沙弥蓮阿	花崗岩
3	永徳元年（1381）５月	蓮阿	上智	緑泥片岩

本表は一目瞭然で、禅尼上智は永和元年（1375）に死亡しているはずですが、6 年後に造立者としてその名を刻しています。

そこで考えられることは、夫婦であろう禅尼上智と沙弥蓮阿がお互いの供養塔を立てっこした、ということです。

前記の通り、永和元年（1375）を禅尼上智と沙弥蓮阿の両者が死亡したことにしますと、本表の意義も見えきます。同年 5 月が夫である沙弥蓮阿が亡くなった月、同年 7 月が妻である禅尼上智が亡くなった月です。

NO.1 の笠塔婆は、死亡した時点で禅尼上智のために沙弥蓮阿が造立したもの。

NO.2 の笠塔婆が、禅尼上智の一周忌の供養に沙弥蓮阿が造立したもの。

NO.3 の笠塔婆が、蓮阿の七回忌の供養のために上智が造立したもの。

となります。

当然、禅尼上智と沙弥蓮阿の両者は生きていながら、お互いの供養のための笠塔婆を造立していったのです。現存は３基だけですが、少なくとも没年・一周忌・三回忌・七回忌の年忌法要ごとに、笠塔婆は造立されていったことも思わされます。両者で、都合８基が造立された計算となります。

この生前の生きているうちに自身の葬儀をすることを「逆修《ぎゃくしゅ》」ということは再々に紹介しました。この場合は自身ではなくて、生前に夫婦がお互いに葬儀をし合った、ということになります。

再度、逆修について述べますと、死者のために追善をしたとき、その福を七分にして、その一つは死者が受け、残りの六分は追善を行った者の得分となると信じられていました。

それで、生きているうちに自身の葬儀をする逆修をすると、受ける分の一分と行った分の六分の、七つの福の全てを自分自身が得ることになります。これを、七分全得《しちぶぜんとく》の全ての得分といいました。まさに、逆修をする目的はこの七分全得にありました。

禅尼上智と沙弥蓮阿の両者は、逆修はしないまでも、生前にお互いの葬儀を行うことで、七分全得の全ての得分を得たのです。このような事例は他では知見になく、極めて貴重な事例です。中世人のおおらかで柔軟な信仰の一面を今に伝えているものと考えます。

また、石塔は一度造立したらそれで済んだ、ということではなく、経済力のある人物は、何度も造立して供養に勤めた様子が伺えます。このことも重要です。

近年の石塔研究者においては、この何度でも石塔が造立されるという面が理解されてないことが、研究の過ちを生じている一面だと思います。石塔は何度でも造立されるという、このことがいかに中世人の人々が、自身の罪深さに恐れおののいていたのかを垣間見るようです。

これは、経済的に裕福で石塔造立ができた人以外でも、同様だったことも指摘したいと思います。これまでにも紹介しましたように、石塔には永遠性がありました。造立者はその永遠性を期待して石塔造立を繰り返しした様子があることにも触れましたが、金銭的に石塔造立ができなかった人たちは、木製の卒都婆を造立したことが察せられます。また先に触れましたが、逆修には擬死再生の意味がありました。日本人の信仰の根幹を見るようです。

現代人は死を単に忌み嫌っているのに対して、中世人は死者とも常に共にあったのではないかと考えさせられます。

④　石材の違いの意味

花崗岩・砂岩・緑泥片岩の３種類の石材

また、この３基の笠塔婆がいずれも違う石材で造立されている事実も注目されます。笠塔婆を造った石大工は同一か同一系統の人物であることは、この３基が極めて酷似した遺品であることから指摘されます。

ということは、石材により石大工が違うことはなかった、ということが推測されるのです。花崗岩・砂岩・緑泥片岩の３種類の石材を、同一人物の石大工が注文に応じて造っていったであろうことが指摘されるのです。

このことは、江戸時代初めの一番碑のお江の五輪塔でも指摘されます。この場合の石大工は砂岩の産出地である、泉州黒田村の人物です。それにもかかわらず、五輪塔の石材は花崗岩なのです。その石材の中でも、緑泥片岩製のものは高野山では南北朝時代の遺品が認められ、それ以降 16 世紀末頃まででその使用が無くなっています。いわば消滅した石材です。なぜ、地元の石材が使用されなくなり、消滅したのか原因は不明です。また、石塔の細工地はどこであったのかが問題点としてあります。高野山の山上ではなく、高野山の山麓の九度山周辺であったことは推定されます。それは、『紀伊国名所図会』に町石道を、大型の五輪塔地輪を運び入れる図が挿入されていて、そのことを想起させます（図表 122 参照）。本図を詳細に見ますと、五輪塔の地輪内部はくり貫かれていて木材が入れ込まれていて真ん中に大木を通し、その大木の左右に持ち手を作っています。詞書には、「72 人持ち」とあって、本石塔の運搬に要した人員を明らかにしています。外見は大型に見える近世の五輪塔も、この古絵図にありますように、中は空洞になっています。石の塊りでは運搬できなかったことが伺えます。

【図表 122　大型石塔の運搬の様子（『紀伊国名所図会』）】

⑤　銘文の施法

銘文を刻するものは全体の数パーセント

前に触れましたように、石造物の中で銘文を刻するものは、全体の数パーセント程と考えられます。石塔において基本的には、銘文はないのです。

それでは、銘文がないものは、造立当初より銘がなかったのかといえば、そうではありませんでした。それが、朱書や墨書の銘文を有するものが一方で存在するからです。

実際に高野山においては、100基以上の朱書の銘文の遺物が見出されています（図表123参照）。

【図表123　朱書の銘文がある一石五輪塔】

元は、朱書・墨書の銘文があったものが、風雪により消えてしまい、現状で無銘となっているものと考えられます。

この朱書・墨書については、さらにその上に金箔をおす遺例も見出されています。

さらには、銘文に止まらず、宝篋印塔における線刻部分において朱や金箔を入れるものも見出されます。

石塔における彩色の様子も伺うことができます。このことは、前に結城秀康の石廟のところでも触れましたが、石塔が造立された当初は、朱色や金箔等の彩色をした石塔の存在が指摘されます。高野山の他でも、同様に宝篋印塔の線刻部分に朱を入れたものや、五輪塔の火輪部分の軒の頂点に金箔を入れたものなども見出されています。高野山奥之院の現状は、岩石の自然の石の色が見えるだけですが、かつては秀康の石廟だけでなく大小様々な石塔の彩色に溢れていたものと考えます。高野山奥之院では、石塔の造立が絶えず繰り返されたために、造立間もない石塔が整理されて地中に埋められてしまい、いわばタイムカプセルが開いたように、かつての姿が再現されているわけです。

おわりに

以上、2,000 基近い高野山奥之院の中世の石塔の中から、主だった遺品のみを取り上げて紹介しました。

それぞれの種目については、概略を述べるだけとなりましたが、既に述べた通り、高野山奥之院は全国でも第一位の中世の石塔を有しています。

今後さらに、中世石塔は 2000 基を越えて増えつづけるものと思われます。また、新たな注目すべき石塔が現れることを期待して、本書の筆を擱きます。

【図表 124　無縁塔に集められた一石五輪塔】

【図表 125　地中より出土した石塔を集めた無縁塔】

日本人は奥ゆかしいとは、古い時代より言われたことですが、本書をしたためながら、改めて思い起こされた思いでいっぱいになりました。権力者であろうと庶民であろうと、思いは同じだったことを強調したいと思います。

機会があれば本書を手に高野山奥之院に足を運んでいただければ、筆者としましてはこの上もない喜びです。なお、高野山奥之院の石塔について、今回は中世から近世初めの遺品を中心に紹介しましたが、近世以降も今現在に至るまで奥之院では様々な石塔が造立され続いています。

太平洋戦争戦没者のために建てられた英霊殿や各部隊の慰霊碑、先の阪神淡路大震災と東日本大震災慰霊碑をはじめ、UCC 上島珈琲・日産自動車・

【図表 126　新明和工業慰霊碑】

【図表 127　東日本大震災物故者慰霊碑碑】

【図表 128　しろあり供養碑】

【図表 129　阪神淡路大震災物故者慰霊碑】

シャープ・福助・ヤクルト・東洋ゴム・パナソニック・久保田・江崎グリコ・凸版印刷・キリンビールなどの企業墓と称される会社の物故者のための石塔などを高野山奥之院では見られます。中にはロケットの形をした神戸の新明和工業の慰霊碑や、日本しろあり対策協会の造立になる「しろあり やすらかにねむれ」の石碑や、愛犬のために造立された墓碑があります。

高野山奥之院は中世社会だけでなく、今に生きた信仰の場所であることがわかります。機会があれば、これら近世以降の石塔についても紹介させていただきたいと思います。

また、本書に先んじて、高野山の町石について概説しました『はじめての「高野山町石道」入門』（セルバ出版）と、高野山奥之院の戦国武将の石塔について触れた『戦国武将と高野山奥之院』（朱鷺書房）も公にしています。

あわせて、ご一読いただければ幸いです。

木下　浩良

【奥之院概略図】

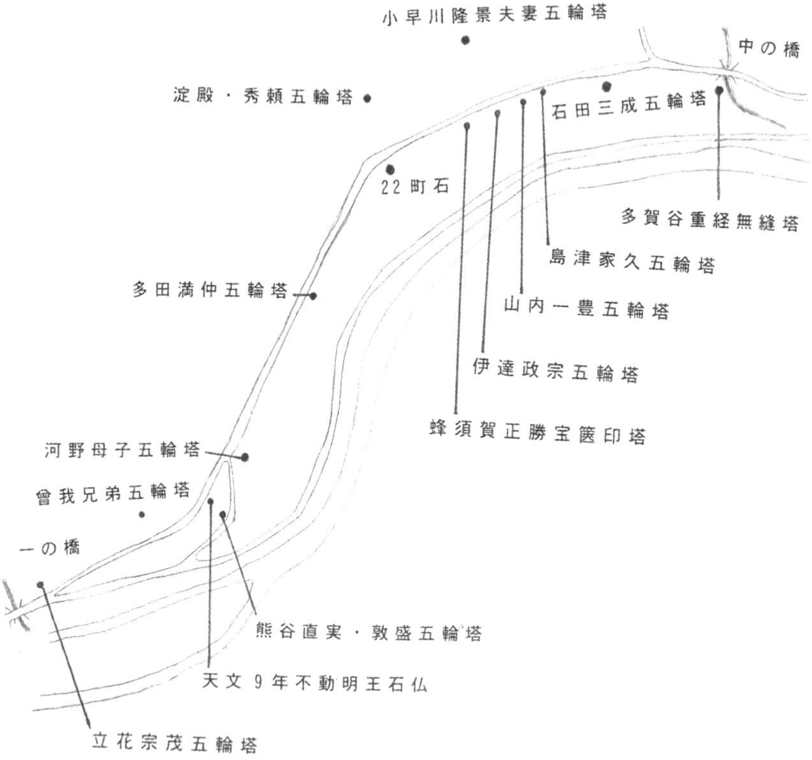
小早川隆景夫妻五輪塔
中の橋
淀殿・秀頼五輪塔
石田三成五輪塔
22町石
多賀谷重経無縫塔
島津家久五輪塔
多田満仲五輪塔
山内一豊五輪塔
伊達政宗五輪塔
蜂須賀正勝宝篋印塔
河野母子五輪塔
曾我兄弟五輪塔
一の橋
熊谷直実・敦盛五輪塔
天文9年不動明王石仏
立花宗茂五輪塔

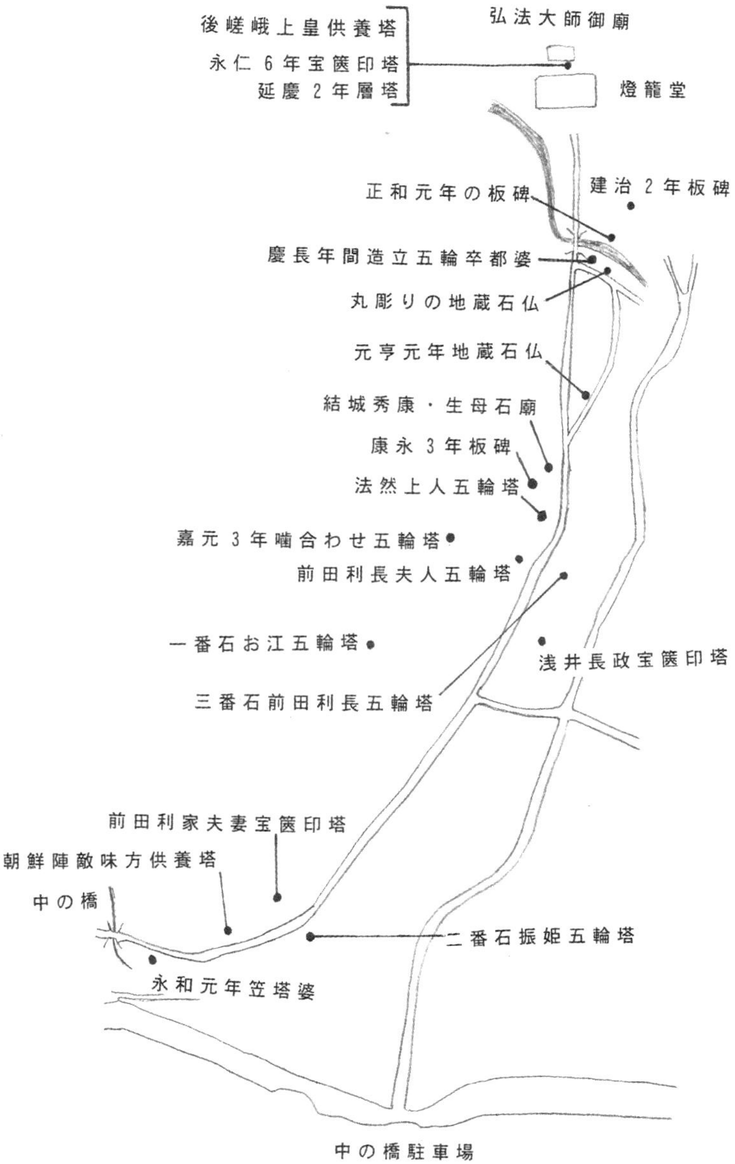

後嵯峨上皇供養塔
永仁6年宝篋印塔
延慶2年層塔
弘法大師御廟
燈籠堂
正和元年の板碑
建治2年板碑
慶長年間造立五輪卒都婆
丸彫りの地蔵石仏
元亨元年地蔵石仏
結城秀康・生母石廟
康永3年板碑
法然上人五輪塔
嘉元3年噛合わせ五輪塔
前田利長夫人五輪塔
一番石お江五輪塔
浅井長政宝篋印塔
三番石前田利長五輪塔
前田利家夫妻宝篋印塔
朝鮮陣敵味方供養塔
中の橋
二番石振姫五輪塔
永和元年笠塔婆
中の橋駐車場

【参考文献】

『高野山古絵図集成』（1983）日野西眞定（清栄社）
『高野山古絵図集成 解説索引』（1988）日野西眞定（タカラ写真製版）
『高野山民俗誌 [奥の院編]』（1990）日野西眞定（佼成出版社）
『お大師さんと高野山 [奥の院]』（2011）日野西眞定（慶友社）
『高野山の秘密』（2015）日野西眞定（語り）（扶桑社）
『石の宗教』（1998）五来重（角川書店）
『葬と供養』（1992）五来重（東方出版）
「石造塔婆としての板碑」『考古学ジャーナル』132 号（1977）川勝政太郎（ニューサイエンス社）
『日本石造美術辞典』（1978）川勝政太郎（東京堂出版）
『五輪塔の起源』（1958）薮田嘉一郎編（綜芸舎）
『歴史の旅 中世の高野山を歩く』（2014）山陰加春夫（吉川弘文館）
『重要文化財松平秀康及び同母霊屋修理工事報告書』（1967）高野山文化財保存会
『松代藩前嶋家文書考』（2000）前島孝
『国指定史跡高野山町石保存修理報告書』（1999）高野町教育委員会
『高野山奥之院の地寶』（1975）和歌山県教育委員会・高野山文化財保存会
『久留米城下町呉服町遺跡』（1995）久留米市教育委員会
『寒川町史研究』4 号（1991）寒川町史編集委員会
「資料紹介 血盆経護符」『松戸市立博物館紀要』2 号（1995）青木俊也
「「高野山町石」平頼綱二基寄進について」『史迹と美術』71 輯 10 号（2001）八田洋子（史迹美術同攷会）
「「高野山町石」鎌倉武士の一断面」『歴史考古学』50 号（2002）八田洋子（歴史考古学研究会）
『日本の中世 8（院政と平氏、鎌倉政権）』（2002）上横手雅敬（中央公論新社）
『紀伊国金石文集成』（1974）巽三郎・愛甲昇寛（南紀考古同好会）
『高野山町石の研究』（1973）愛甲昇寛（高野山大学密教文化研究所）
「一石五輪塔資料（高野山）」『高野山八葉学会々報』11 号（1983）木下浩良（八葉学会）
「佐賀県東妙寺の緑泥片岩製一石五輪塔二基について」『史迹と美術』54 輯 10 号（1984）木下浩良（史迹美術同攷会）
「高野山最古の在銘一石五輪塔」『史迹と美術』55 輯 7 号（1985）木下浩良（史迹美術同攷会）
「尼妙波房の供養塔について—高野山における鎌倉期五輪塔の一遺例—」『密教学会報』27 号（1988）木下浩良（高野山大学密教学会）
「新出の高野山町石卒都婆（残欠）について」『仏教学会報』14 号（1989）木下浩良（高野山大学仏教学研究室）
「花岳寺蔵高野山参詣曼荼羅に見える一石五輪塔について」『密教学会報』28 号（1989）木下浩良（高野山大学密教学会）

「『高野山名所図会』所収の町石卒都婆銘文のいくつかについて」『仏教学会報』15号（1990）木下浩良（高野山大学仏教学研究室）
「高野山一石五輪塔の概要について」『関西近世考古学研究』2号（1991）
木下浩良（関西近世考古学研究会）
「高野山一石五輪塔にみられる朱書・朱入の銘文について」『仏教学会報』16号（1991）
木下浩良（高野山大学仏教学研究室）
「高野山一石五輪塔の研究－新出の水野貞守一石五輪塔を中心として－」『密教学研究』26号（1994）木下浩良（日本密教学会）
「高野山麓天野社境内の五輪卒都婆形碑伝について」『高野山麓天野の文化と民俗』3号（1999）日野西眞定・木下浩良（天野歴史文化保存会）
「かつらぎ町上天野の建治二年銘板碑について」『和歌山県立博物館研究紀要』10号（2003）
木下浩良（和歌山県立博物館）
「九度山町慈尊院の下乗石」『改訂 九度山町史 民俗文化財編』（2004）木下浩良（九度山町）
「文化財編 第三章 石造物（金石文）」『改訂 九度山町史 民俗文化財編』（2004）木下浩良（九度山町）
「高野山における一石五輪塔の展開」『高野山中世石造物の実体を探る』（2004）
木下浩良（石造物研究会）
「一石五輪塔と一石彫成五輪塔について」『日引』6号（2005）木下浩良（石造物研究会）
「板碑の起源について」『日引』7号（2005）木下浩良（石造物研究会）
「金剛峯寺遺跡（大乗院跡駐車場整備事業に伴う発掘調査）出土の石造物について」『高野町文化財調査報告書第2集 金剛峯寺遺跡－大乗院跡駐車場整備事業に伴う発掘調査－』（2007）
木下浩良（高野町教育委員会）
「高野山最古の在銘一石五輪塔－永享十年銘の遺品－」『堯榮文庫研究紀要』7号（2007）
木下浩良（高野山親王院堯榮文庫）
「中世から近世 泉州・堺の石工たち（高野山を中心として）」『会報「すずめ踊り普及会」』3号（2007）　木下浩良（堺すずめ踊り普及会）
『はじめての「高野山町石道」入門』（2009）木下浩良（セルバ出版）
「参詣道の石造物」『高野山結界道、不動坂、黒河道、三谷坂及び関連文化財学術調査報告書』（2012）木下浩良（和歌山県教育委員会）
「高野山の石造物」『高野町史 民俗編』（2012）木下浩良（高野町）
『戦国武将と高野山奥之院』（2014）木下浩良（朱鷺書房）
「高野山奥之院発見の「フンコ」（豊後）銘の五輪塔」『九州考古学』89号（2014）
木下浩良（九州大学九州考古学会）
「高野山奥之院に見る戦国武将の石塔」『高野文化圏研究会報告書（2014年度）』（2015）
木下浩良（高野文化圏研究会）
『改訂版　はじめての「高野山町石道」入門』（2015）木下浩良（セルバ出版）

著者略歴

木下　浩良　（きのした　ひろよし）

1960年福岡県山門郡三橋町木元263（柳川市）生まれ。

1983年高野山大学文学部人文学科国史学専攻卒業。

現在、高野山大学図書館課長（司書）

著書：『竹野町史　民俗・文化財・資料編』（1991）（竹野町教育委員会）、『養父町史　民俗編』（1994）（養父町）、『岬町の歴史』（1995）（岬町）以上いずれも共著。『三橋いろは事典』（2002、歴史考証担当）（三橋町）、『改訂九度山町史　民俗文化財編』（2004）（九度山町）共著、『戦国時代の柳川－蒲池因幡守鑑憲と田尻親種』（2006）（自費出版）、『高野町史　民俗編』（2012）（高野町）、『高野山結界道、不動坂、黒河道、三谷坂及び関連文化財学術調査報告書』（2012）（和歌山県教育委員会）以上、共著。『はじめての「高野山町石道」入門』（2009）（セルバ出版）、『戦国武将と高野山奥之院－石塔の銘文を読む－』（2014）（朱鷺書房）、『改訂版　はじめての「高野山町石道」入門』（2015）（セルバ出版）。

論文：「福岡県みやま市清水寺の梵鐘について」『古代学研究』183号（2009）所収、「高野山奥之院発見の「フンコ」（豊後）銘の五輪塔」『九州考古学』89号（2014）所収他、多数。

Seluba 知る・わかる・こころの旅を豊かにする
Buddhism Books
セルバ仏教ブックス

はじめての「高野山奥之院の石塔」入門

2015年 7月8日　初版発行　　2025年1月23日　第2刷発行

著　者　木下　浩良　　©Hiroyoshi Kinoshita

発行人　森　　忠順

発行所　株式会社 セルバ出版
〒113-0034
東京都文京区湯島1丁目12番6号 高関ビル5B
☎03（5812）1178　FAX 03（5812）1188
http://www.seluba.co.jp/

発　売　株式会社 創英社／三省堂書店
〒101-0051
東京都千代田区神田神保町1丁目1番地
☎03（3291）2295　FAX 03（3292）7687

印刷・製本　株式会社 丸井工文社

Printed in JAPAN
ISBN978-4-86367-207-9